Mag ik je geen advies geven?

Mag ik je geen advies geven

IN 6 STAPPEN VAN PROBLEEM NAAR OPLOSSING
MET DE METHODE COACHENDE GESPREKSVOERING

HUUB BUIJSSEN

TRED
Buijssen
TRaining en EDucatie

www.mcg.nu

Voor Anja, Huib en Ilana

En ter nagedachtenis aan mijn vader

In mijn studententijd probeerde ik hem eens iets uit te leggen wat ik op de universiteit geleerd had. Hij onderbrak mij en gaf mij deze wijze les: "Stop eens even, Huub. Leg het me nu zó uit, dat ik, met alleen maar lagere school, het ook begrijp. Als je dat niet kunt, heb ik tevergeefs het geld in je studie geïnvesteerd.

Inhoudsopgave

Inleiding

'Hoe ben je op het idee gekomen om dit boek te schrijven?' In interviews naar aanleiding van mijn eerdere boeken was dit regelmatig een van de eerste vragen die journalisten me stelden. Als ik trainingen geef, krijg ik (al jarenlang) een soortgelijke vraag. 'Hoe ben je op het idee gekomen van de methode coachende gespreksvoering?'
Ik begin daarom dit boek met de ontstaansgeschiedenis uit de doeken te doen. Mocht je dit niet interesseren, sla deze paragraaf gerust over en lees verder op pagina 10 ('Waarvoor gebruik je de methode coachende gespreksvoering?').

Van medio 1983 tot eind 1994 werkte ik als stafmedewerker ouderenzorg bij de Kruisvereniging Breda. De toenmalige directeur vroeg aan mij: 'Wil en kun jij een methode ontwikkelen die verpleegkundigen een goed handvat biedt in het gesprek met de patiënt? We willen dat de verpleegkundige bij een hulpvraag niet meteen de handen uit de mouwen steekt en de gevraagde zorg biedt, maar eerst steeds onderzoekt in hoeverre de patiënt of mantelzorger zelf in staat is tot zorg. Onnodig zorg bieden maakt immers afhankelijk en is letterlijk ziekmakend.'
Ik nam de uitdaging aan. In de jaren die volgden, ontwikkelde ik de methode coachende gespreksvoering, of kortweg de MCG. In 1990 was de methode klaar. Ik publiceerde de methode voor het eerst in het vakblad *Tijdschrift voor Ziekenverpleging* (TvZ) in 1991. In mijn boek *Hulpverlening aan zorgende familieleden* (1993) kwam de methode (die toen nog uit acht stappen bestond) uitgebreider aan bod.
'Briljant.' Dat schreef Guus Schrijvers, emeritus hoogleraar algemene gezondheidskunde, in het voorwoord van dit boek. Ik was uiteraard heel erg gevleid door dit grote compliment, maar ik begreep op dat moment niet waar zijn oordeel op gebaseerd was. Het boek was weliswaar het

eerste Nederlandstalige boek waarin beschreven werd hoe hulpverleners mantelzorgers konden ondersteunen, maar de inhoud was – zo vond ik – niet bijster origineel of baanbrekend.

Ik begreep pas iets van het compliment toen ik in 2001 het boek *De kracht van oplossingen. Handwijzer voor oplossingsgerichte therapie* las van Peter de Jong en Insoo Kim Berg. De uitgangspunten van de methode van de oplossingsgerichte therapie waren hetzelfde als die van mijn methode!
Om te beginnen was er het idee dat je de cliënt moet zien als expert en dat je (daarom) als hulpverlener niet jouw perspectief, maar dat van de cliënt als vertrekpunt moet kiezen. De tweede overeenkomst die ik zag, was dat je voor het bedenken van een oplossing niet noodzakelijkerwijs hoeft te graven naar oorzaken. Een derde uitgangspunt dat we deelden, was dat niet jij maar de cliënt het beste weet in welke richting de oplossing gezocht moet worden. Ten slotte herkende ik ook het idee dat je bij het bedenken van een oplossing de cliënt mocht uitnodigen zijn fantasie ruim baan te geven.

Ik besloot toen vanuit mijn trainingsbureau trainingen over mijn eigen methode te verzorgen. In 2004 schreef ik een (cursus)boek over mijn methode. Mocht het je interesseren waarom het tot 2017 duurde voordat ik het cursusboek omzette naar het boek dat je nu in handen hebt, lees dan het 'Woord van dank' op pagina 201.

Waarvoor gebruik je de methode coachende gespreksvoering?

Het woord 'coach' is afgeleid van het Engelse woord voor 'koets'. Als coach neem je iemand mee van het punt dat hij ergens mee worstelt, naar het punt dat hij weer perspectief ziet.

Als coach kun je met drie soorten problemen te maken krijgen:

1. Problemen die draaien om de vraag: Wat moet ik doen? Ik zal ze in het vervolg kortweg aanduiden met de term 'wat-problemen'.
2. Problemen waarbij de cliënt het antwoord op de vorige vraag al weet, en nu worstelt met de vraag: Hoe doe ik het? Ik noem dit 'hoe-problemen'.
3. Problemen waarbij het noodlot heeft toegeslagen en iemand geen keus (meer) heeft, maar nu voor de vraag staat: Hoe ga ik hiermee om? Zoals in de coachingsliteratuur gebruikelijk is zal ik deze categorie problemen voortaan ook aanduiden met 'beperkingen'.

De MCG is bedoeld voor de eerste soort problemen, dus voor wat-problemen. Je kunt er cliënten mee helpen die worstelen met een dilemma of het maken van een moeilijke keuze.

Zoals: 'Moet ik het aanbod van die aantrekkelijke baan in de VS aannemen of in Nederland blijven?' 'Moet ik die loyale medewerker die niet goed functioneert ontslaan of hem nog een tweede kans bieden?' 'Zet ik de stap naar zelfstandigheid of blijf ik in loondienst?' 'Moet ik een vriendin, die me de laatste jaren alleen maar energie heeft gekost, laten weten dat ik het contact voorgoed wil verbreken of moet ik wachten op betere tijden?'

De Nederlandse orde van beroepscoaches (de NOBCO) deed in juni 2016 een onderzoek onder haar leden over welke onderwerpen de coaches de meeste vragen kregen. Ruim 1200 coaches deden er aan mee.

Dit was de topvijf:

1. zelfontplooiing
2. werk-privébelang
3. samenwerking
4. loopbaan/carrière
5. stress en/of burnout.

De vele voorbeelden die je in dit boek zult aantreffen, hebben vaak betrekking op een van deze thema's. Na lezing van dit boek zul je hopelijk kunnen concluderen dat de MCG voor deze onderwerpen een bruikbare gespreksmethode is.

De MCG is niet bedoeld voor de tweede soort problemen, dus voor problemen waarbij een cliënt weet wat hij wil, maar niet weet hoe zijn doel te bereiken. Denk bijvoorbeeld aan een leidinggevende die zijn loyale medewerker een tweede kans wil bieden, maar niet weet hoe dit vorm te geven. Of denk aan een vrouw die besloten heeft om een van haar vriendinnen te ontvrienden, maar weet niet hoe dit te doen. Een derde voorbeeld is een moeder die niet weet hoe ze haar zwaar depressieve dochter zover krijgt dat ze professionele hulp zoekt.
De MCG is ook niet bedoeld voor de derde soort problemen. Het gaat hierbij om tegenslag of een wending in het leven waar iemand mee moet leren leven. Een voorbeeld is een vrouw die door een van haar vriendinnen is overvallen met de boodschap dat ze geen contact meer wenst. ('Sorry, maar we zijn uit elkaar gegroeid en ik merk dat ik niets meer met je heb.') Een tweede voorbeeld is een man die geheel van slag is omdat hij te horen heeft gekregen dat hij ontslagen is.
De MCG is, zoals eerder gezegd, bedoeld voor de eerste categorie

problemen. Problemen die draaien om de vraag: Wat moet ik doen? Voor ondersteuning of hulpverlening bij hoe-problemen heb ik een korte variant van de MCG ontwikkeld. Hetzelfde heb ik gedaan voor hulpverlening bij beperkingen. Deze twee varianten kunt u vinden op de website www.mcg.nu. Om teleurstellingen te voorkomen is het goed om bij aanvang van het coachingsgesprek de cliënt te vertellen dat je geen adviezen geeft en je niet als een alwetende deskundige zult opstellen, maar dat het doel van het gesprek is hem te helpen zelf zijn probleem op te lossen.

Voor wie is de methode coachende gespreksvoering?

De MCG is voor eenieder die (beroepsmatig) op zoek is naar een methode om een effectief helpend gesprek te kunnen voeren van maximaal drie kwartier.

Denk aan coaches, managers, leidinggevenden, psychologen, maatschappelijk werkers, klachtenfunctionarissen, huisartsen, bedrijfsartsen, geestelijk raadslieden, medewerkers P&O of HR, schooldecanen, leraren, wijkverpleegkundigen, praktijkbegeleiders, zorgcoördinatoren, sociaal-pedagogisch hulpverleners, directieleden, loopbaanadviseurs, verzorgend of begeleidend personeel van verstandelijk gehandicapten, medewerkers reclassering, medewerkers jeugdzorg en -bescherming, advocaten, notarissen, consultants, opbouwwerkers, buurtwerkers, vertrouwenspersonen, ouderenconsulenten, medewerkers van steunpunten mantelzorg, mantelzorgmakelaars, medewerkers van vrijwilligers- en patiëntenorganisaties, zorgbemiddelaars, intakers, praktijkondersteuners, physician assistants, arbeidsdeskundigen, behandelcoördinatoren, casemanagers, diëtisten, gedragskundigen, gezinsbegeleiders, jeugd-/jongerenwerkers, opvoedondersteuners, pedagogen en sociaal consulenten gehandicapten.
Voor veel van deze beroepsgroepen heb ik in het verleden trainingen

mogen verzorgen. Bovendien hebben diverse cursisten me talloze malen spontaan verteld dat de methode ook heel goed in privésituaties toegepast kan worden. Zoals bij de opvoeding van kinderen en bij gesprekken met de eigen partner, (schoon)ouders en vrienden of vriendinnen.

De MCG is primair bedoeld voor een-op- een-gesprekken, maar kan met een paar eenvoudige aanpassingen ook worden toegepast als kapstok voor intervisie. Op www.mcg.nu kunt u zie hoe intervisie dan verloopt.

In dit boek duid ik de hulpverlener steeds aan met 'coach'. Degene die voor hulp een beroep op de coach doet, noem ik telkens 'cliënt'. Vat de termen niet te letterlijk op, maar bedenk dat het dan net zo goed om een schooldecaan, een manager of wijkverpleegkundige kan gaan. En dat de cliënt ook een leerling, een ondergeschikte medewerker of een patiënt kan zijn.

Leeswijzer

Het boek is zo opgemaakt dat je de informatie gemakkelijk in je kunt opnemen.

★ Belangrijke informatie is blauw/paars gedrukt en voorzien van een sterretje

Een opgeheven vingertje bij een blauw gedrukte tekst – zoals je al twee keer in deze inleiding tegen kwam - attendeert je op een tip voor het hanteren van de MCG.

Samenvattingen

Elk hoofdstuk eindigt met een samenvatting. Deze is zowel een instrument voor een snelle eerste oriëntatie als een hulpmiddel om na lezing van het hoofdstuk (c.q. het boek) je kennis op te frissen. De tekst zelf bevat voor hetzelfde ook diverse korte samenvattingen. Samen met de paragraaftitels helpen je deze bij het diagonaal lezen van het boek.

Geheugensteun

Achter in het boek tref je in bijlage 1 een praktische geheugensteun aan van de MCG. Deze kun je gebruiken om je de MCG eigen te maken.

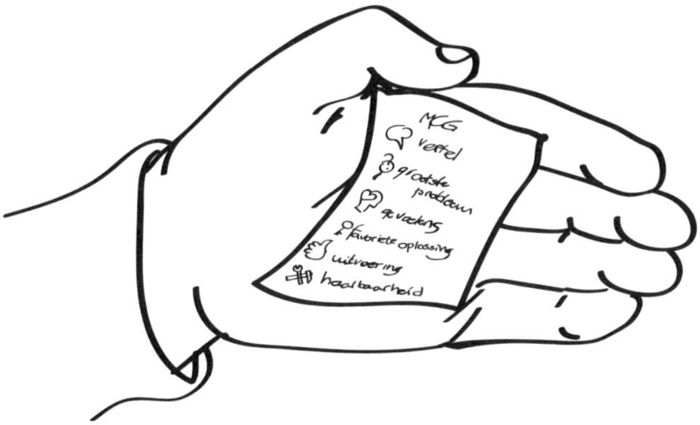

1

Goede raad?

'Wij zijn twintig jaar samen en genieten van elkaar en onze kinderen. Maar de laatste jaren zijn intimiteit en erotiek verdwenen. Ik mis dat erg. Ik vind mijn vrouw aantrekkelijk, we beminden elkaar graag, maar zij heeft geen behoefte meer, zelfs niet aan zoenen. Het ligt niet aan de overgang, zegt ze. Tot vier jaar terug maakte ik er ruzie over, wat leidde tot afstand, dus dat doe ik niet meer. Ik mag vreemdgaan van haar, maar ik weet niet of ik dat wel wil. Toch vind ik mezelf te jong om seks al achter me te laten.' (Volkskrant, 2016)

Stel je voor dat een goede vriend je een dergelijk probleem voorlegt. Hoe probeer jij hem dan te helpen? Luister je slechts of ga je een advies geven? Of laat je hem zelf een oplossing bedenken? De kans is groot dat je advies geeft. Dit is voor de meesten van ons immers een tweede natuur, bijna een automatisme.

Waarom we graag adviezen geven

Hoe komt het dat we bijna automatisch andermans problemen willen oplossen en dol zijn op het geven van adviezen? Voor zover mij bekend is, is daar geen onderzoek naar gedaan. Ik kan daarom alleen maar naar de redenen gissen. Ik denk dat één of meer van de volgende redenen ons ertoe aanzetten anderen ongevraagd adviezen te geven.
Om te beginnen denken we dat de ander van ons een oplossing wil. 'Anders zou hij het probleem toch niet vertellen.' Oftewel: we geven een oplossing, omdat de ander er zelf om vraagt.
Wetenschappers die zich gespecialiseerd hebben in de psychologie van het geluk, hebben ontdekt dat het onszelf een geluksgevoel geeft als we iemand helpen. De Dalai Lama verwoordt het heel bondig: 'Als ik iets voor een ander doe, dan help ik de ander misschien maar voor 50 procent, maar mezelf 100 procent.'
In het verlengde hiervan draagt een advies geven ook bij aan ons gevoel van eigenwaarde. Als iemand ons vertelt met een probleem te worstelen, weet hij kennelijk niet hoe dit aan te pakken. 'Anders zou hij het niet vertellen.' Als we zelf dan wel de oplossing weten, dan geeft dat ons een kick. We groeien er zelf een beetje van.
De vierde reden waarom we graag adviezen geven, vraagt om een korte inleiding. Recent hersenonderzoek toont aan dat gevoelens 'besmettelijk' zijn. Als iemand ons zijn problemen vertelt, lopen we het gevaar erdoor aangestoken te worden. Zodra we gaan luisteren en ons in de ander proberen te verplaatsen, worden de delen in onze hersenen geactiveerd waar de onplezierige of pijnlijke gevoelens zitten. Partners van mensen met een depressie hebben om die reden zelf ook een fors verhoogde kans op een depressie. In zijn roman *Langzame man* (2005) geeft Nobelprijswinnaar J.M. Coetzee een treffende illustratie van hoe depressieve gevoelens van de ene partner op de ander kunnen overspringen:

'Ze kon niet bij een man blijven die de hele dag moe was. Het was al lastig genoeg om haar eigen vermoeidheid op een afstand te houden. Ze hoefde zich maar naast hem uit te strekken in het maar al te bekende bed of ze voelde hoe de lusteloosheid uit hem vandaan begon te sijpelen en haar als een kleurloze, geurloze, inerte golf overspoelde. Ze moest ontsnappen! Nu!

Als iemand ons vertelt over een probleem waar heftige gevoelens aan verbonden zijn, dan willen we ontsnappen. Het liefst zo snel mogelijk. We horen dan een intern stemmetje dat ons aanspoort het moeilijke gesprek kort te houden. Het meest probate middel hiervoor is het geven van een advies. Hiermee bieden we de ander (en onszelf!) immers het perspectief dat het probleem binnenkort de wereld uit is. Zo minimaliseren we het gevaar van besmetting en laten we onze hersenen weer terugkeren naar de eerdere gemoedstoestand.
In de hersenen gebeurt nog meer. Een noodsignaal van de ander activeert ook de premotorische schors die ons voorbereidt om tot handelen over te gaan. Als we ontreddering voelen, willen we daarom helpen (Daniel Goleman, 2007).

★ Ons brein is voorgeprogrammeerd voor het geven van oplossingen en raad.

Samenvatting: Waarom we graag adviezen geven

1. We denken dat de ander een oplossing wil. (*'Anders vertelt hij het me niet.'*)
2. Het bezorgt ons een goed gevoel: een geluksgevoel.
3. Een advies geven draagt bij aan ons gevoel van eigenwaarde.
4. Het voorkomt dat we ons laten besmetten door het rotgevoel van de ander.
5. Ons brein is voorgeprogrammeerd om te willen helpen.

Waarom we niet graag adviezen krijgen

Een kort fragment uit Renate Dorresteins autobiografische roman *Mijn zoon heeft een seksleven en ik lees mijn moeder Roodkapje voor* (2006), waarin Heleen het alter ego is van de schrijfster:

> *We stonden een tijdje naast de kapstok te zwijgen, totdat Elly observeerde: Je gezicht is drijfnat, Heleen.*
> *Opvliegers, zei ik.*
> *Dan ben je er ook vroeg bij, zei ze, maar laat mij je een tip geven, je moet je anders kleden, laagjes, dat is de oplossing, een vest kan hups aan en uit, dat geeft meteen verlichting, dus leer dit van mij: trek iets anders aan dan zo'n coltrui.*
> *Kon moeilijk tegen haar zeggen: Als jij net zo'n goor litteken onder je sleutelbeen had als ik, Elly, dan zou je ook doorgaan met coltruien dragen, al was je het smeltpunt nabij. Dus ik knikte maar wat.*
> *Ze was nog lang niet klaar met het onderwerp. Ze had nog zes tips-van-de-week voor me. Nog wel tien.*

Herken je het gevoel van Heleen? Met andere woorden: heb jij je ook wel eens aan iemand gestoord die met ongevraagde adviezen kwam?
Toch is het niet vreemd dat we aan de ene kant graag zelf adviezen geven en er aan de andere kant een hekel aan hebben om zelf adviezen te krijgen. Hoe komt het dat we niet staan te juichen als anderen ons een advies geven voor een probleem? Hiervoor zijn meerdere redenen.
Als we besluiten ons probleem met iemand anders te delen, dan geldt voor de meesten van ons dat we er eerst zelf al enige tijd op hebben zitten broeden. Hoe pijnlijk is het dan om te merken dat iemand na een paar minuten al weet wat ons te doen staat? Het geeft ons het gevoel dat we ons om niets druk maken.

★ Kortom: een oplossing of advies bagatelliseert ons probleem.

Als we ergens mee worstelen, dan missen we kennis, moed, vaardigheden of iets anders dat essentieel is om eruit te komen. Op het moment dat iemand ons een advies geeft, dan lijkt diegene wel te hebben wat wij nu juist missen. En zo plaatst diegene zich, althans wat dit levensterrein betreft, boven ons.
Hiermee hangt samen dat een oplossing van iemand die het wel weet, niet bevorderlijk is voor ons zelfvertrouwen.

De meeste mensen staan niet graag bij anderen in het krijt. Dat gevoel krijgen we namelijk als we een advies van een ander aannemen. En nog meer als dat advies ook nog eens blijkt te werken. Als we de ander vertellen dat zijn advies goed uitpakte, zien we de ander glunderen en horen we deze bijna denken: dat heb je aan mij te danken.
Als we daarentegen niets met de aangereikte oplossing hebben gedaan, maar een andere (mogelijk zelfs tegengestelde) oplossing hebben gekozen, schamen we ons wellicht als we de ander weer onder ogen komen.
'Weet je wat jij moet doen?' Soms zegt iemand dat als we nog maar nauwelijks begonnen zijn met ons probleem uit de doeken te doen. We irriteren ons dan waarschijnlijk, omdat de zin die zo'n advies aankondigt te snel een einde maakt aan ons verhaal. Net als de meeste andere mensen willen we namelijk eerst, en vooral, ons verhaal kwijt.

Samenvatting: Waarom we niet graag adviezen krijgen

1. Een advies bagatelliseert ons probleem.
2. Een advies plaatst de ander boven ons.
3. Een advies ondermijnt ons zelfvertrouwen.
4. Door een advies aan te nemen, komen we bij de ander in het krijt te staan.
5. We willen eerst en vooral ons verhaal kwijt.

Waarom we problemen graag zelf oplossen

De eerder genoemde redenen zijn tegelijkertijd de redenen waarom we een probleem het liefst zelf oplossen. Maar er is nóg een reden. En misschien is dat wel de belangrijkste.
Zodra een baby of peuter ontdekt heeft dat hij zelf een lepel eten naar de mond kan brengen, wil hij het voortaan zelf doen. En dat geldt ook voor andere nieuw verworven vaardigheden. Het kind wil het zelf doen.
Dit 'het zelf willen doen'-gedrag is niet iets wat we stopzetten als we de kindertijd afsluiten. Integendeel, wij volwassenen zijn niet anders dan kinderen.

★ Het liefst doen we alles zelf. Zolang we maar het vermoeden hebben iets zelf te kunnen, willen we het zelf doen.

Zo houden we onze trots. Afhankelijk van anderen worden/zijn, is dan ook een van de moeilijkste opgaven in ons leven. Mensen die door ziekte of ouderdom hulpbehoevend zijn, kunnen erover meepraten. Veel hulpbehoevenden zeggen dat het gevoel van afhankelijk zijn nooit went.

Waarom het geven van raad gevaarlijk kan zijn

In zijn boek *Therapie als geschenk* geeft de beroemde psychiater en romanschrijver Irvin D. Yalom honderd tips voor succesvolle therapeutische behandelingen. Een van de tips gaat over het nemen van beslissingen voor de patiënt:

> *'Beslissingen nemen voor uw patiënten is een uitstekende manier om ze kwijt te raken. Wanneer patiënten een taak krijgen opgedrongen die ze niet kunnen of willen uitvoeren, worden ze daar bepaald niet gelukkiger van. Soms komen ze in verzet omdat ze niet meer zelf bepalen wat er gebeurt; soms denken ze dat het niet*

in hun vermogen ligt de taak te volbrengen; soms zijn ze bang hun therapeut teleur te stellen. Hoe dan ook, het resultaat blijft hetzelfde: ze breken de therapie af.'
(Yalom, 2001)

De eerste patiënt die ik als beginnend psycholoog behandelde, was het levende bewijs van de toegelichte tip van Yalom. Het betrof een vrouw van achter in de dertig. Mijn eerste vraag aan haar was: 'Wat is de reden dat u mijn hulp heeft gezocht?'
Ik herinner me zelfs veertig jaar later nog bijna letterlijk haar antwoord: 'Ik zal eerlijk zijn. Ik heb relatieproblemen. De huisarts had me daarvoor doorverwezen naar het maatschappelijk werk. Daar ben ik echter na één gesprek afgehaakt. De man die me hielp, gaf me na een halfuur dit advies: "Weet u wat u moet doen? Gaan scheiden! Dat heb ik ook gedaan. En dat is me heel goed bevallen." Maar ik wil helemaal niet scheiden. Ik wil mijn man niet kwijt. Daarom ben ik daar meteen gestopt en heb ik verder gezocht. En zo kom ik bij u.'
Na deze introductie wist ik één ding zeker: ik moet dus heel, heel voorzichtig zijn met het geven van adviezen! Omdat het mijn eerste patiënte was, heb ik later nog vaak aan deze eerste therapiesessie teruggedacht. Stel, zo overwoog ik, dat deze patiënte de raad van de maatschappelijk werker wel had opgevolgd en ze na een jaar ongelukkiger was dan tevoren, hoe zou ze dan gedacht hebben over hulpverlening en met name over de betrokken maatschappelijk werker? Zou ze dan nog vertrouwen in hem hebben? Zou ze bij een volgend probleem professionele hulp hebben ingeroepen? Ja, het zijn allemaal retorische vragen.
Yalom concludeert daarom:

'Een van de eerste dingen die ik in een therapie doe, is mijn patiënten helpen verantwoordelijkheid te nemen voor hun acties. Ik probeer hen duidelijk te maken dat ze ook een beslissing nemen als ze geen beslissing nemen of wanneer ze een ander zover krijgen dat die een beslissing voor hen neemt.'

Waarom adviezen vaak niet worden opgevolgd

★ Iedereen weet uit eigen ervaring dat adviezen heel vaak niet worden opgevolgd.

Zelfs als je adviezen geeft aan de meest dierbare personen in je leven – je kinderen, je partner, ouders of je beste vriend(in) – zul je vaak gemerkt hebben dat ze er niets mee deden. Ja, zelfs niet als ze je om je raad gevraagd hebben! ('Ik weet het nu even niet, wat moet ik doen?')
Hoe komt het toch dat we andermans oplossingen zelfs niet opvolgen als we er zelf om hebben gevraagd? Hoe komt het dat we een aangedragen oplossing niet in de praktijk brengen als we ervan doordrongen zijn dat het de best mogelijke oplossing is? Een aantal belangrijke redenen heb ik in de twee vorige paragrafen al gegeven. Maar er ontbreken er nog twee. Ik wil deze verduidelijken aan de hand van het probleem uit het *Volkskrant Magazine* waarmee ik dit hoofdstuk opende.
Het *Volkskrant Magazine* is de zaterdagbijlage van *de Volkskrant*, waarin in een vaste rubriek een lezer om raad vraagt aan andere lezers bij een dilemma of probleem. Lezers kunnen hun advies insturen. Een week later worden dan zes à zeven lezersadviezen gepubliceerd. De inzendingen laten doorgaans heel uiteenlopende geluiden horen.

Zo geeft een lezer, bij het door mij gekozen dilemma, dit advies:

> *'Wat een liefdevolle man ben jij! Ik kan me voorstellen dat er twijfels zijn over het alternatief van vreemdgaan. Het probleem komt in veel relaties voor. We zullen moeten leren accepteren dat de passie na jaren verdwijnt en dat dit een natuurlijk en onvermijdelijk proces is. Eros verdampt eerder als partners steeds bij elkaar zijn. Dat was ook mijn huivering toen ik na acht jaar "latten" ging samenwonen. Het helpt niet de hele tijd bij de ander te willen zijn, je moet elkaar ruimte en vrijheid blijven gunnen. Passie in andere dingen zoeken. Niet versmelten met, maar zorgen voor de ander. Richt je blik op andere waardevolle aspecten van je relatie. En geniet!'*

Een andere lezer zoekt de oplossing in een tegenovergestelde richting:

> *'U geniet van elkaar en uw kinderen. Stel uzelf de vraag waaruit dat genieten bestaat. Is het niet pijnlijk voor u, deze steeds terugkerende afwijzing? Uw overweging is invoelbaar. Ga bij haar weg, na (pakweg) dertig jaar (inclusief een lange tijd zonder kinderen) zonder voelbare tederheid maakt u somber. Kies voor een leven van geestelijke én fysieke gelijkwaardigheid.'*

Een derde lezer kiest een tussenweg:

> *'U vindt haar nog steeds aantrekkelijk, maar weet u of dat wederzijds is? Is het herstelbaar? Zo niet, dan zou ik ingaan op haar voorstel om vreemd te gaan. Maar weet: erotiek, beminnen en zoenen zijn nauw verbonden met verliefdheid. Wat vindt u belangrijker na twintig jaar? Bevrediging of voldoening?'*

Elke lezer die zijn raad in het magazine afgedrukt ziet, zal waarschijnlijk denken: mijn advies is het beste.
Als trouwe lezer van deze adviesrubriek stel ik me wekelijks de vraag: 'Met welke van de gegeven adviezen is de adviesvrager het meest geholpen?' Ik besef echter ook dat het een vraag is die ik nooit met zekerheid kan beantwoorden. Ik weet wel dat ik slechts één ding met zekerheid kan zeggen: wil een advies helemaal bij de persoon passen, dan is het noodzakelijk deze door en door te kennen. Mogelijk zelfs nog beter dan deze persoon zichzelf kent.
Een passende oplossing houdt rekening met hoe iemand in het leven staat. Wat hij belangrijk vindt. Over welke vaardigheden en kennis hij beschikt. Hoe zijn netwerk reageert op zijn beslissing en hoe hij daar vervolgens weer op reageert. Of hij belangrijke geheimen heeft en in welke mate die zijn leven en beslissingen bepalen. Enzovoorts.
Kan ik als buitenstaander over al deze kennis beschikken? Nee, natuurlijk niet. Als een bepaald advies uit de rubriek mijn voorkeur krijgt, dan zegt dat eerst en vooral iets over mezelf. Zo is het ook met elk advies dat ik geef. Mijn adviezen zijn gebaseerd op mijn ervaringen, mijn voorkeuren, angsten, obsessies en mijn normen en waarden.

Elk advies dat ik geef, onthult vooral – mogelijk zelfs uitsluitend – iets over mijzelf. Het past bij mij en niet noodzakelijk bij de ander.

De titel van de *Volkskrant*-rubriek luidt daarom heel terecht 'Wat zou u doen?'
De volgende wijze anekdote is een komische illustratie van deze wijsheid:

> *'Een student zocht dagenlang tevergeefs naar een van zijn boeken. Toen at hij toevallig een pizza en zag toen plots in de hoek van zijn kamer zijn studieboek. Later die dag trof hij een studiegenoot die zich beklaagde: "Ik heb al mijn kleren verloren." De student hoefde niet lang na te denken voor deze raad: "Niet wanhopen. Koop een pizza, eet hem op en kijk in de hoek. Dan zul je je kleren terugvinden."'* (Nöllke, 2002)

De tweede reden dat we oplossingen van anderen vaak niet in de praktijk brengen, is dat er tussen het probleem en de uitvoering van de oplossing barrières liggen. Ja, zelfs in het geval de ander een oplossing krijgt aangereikt die honderd procent op maat is. En de belangrijkste van alle barrières zijn: gevoelens.

Angst is – naast schaamte, waar het vaak mee samengaat – de meest hinderlijke. Angst is er in veel vormen: angst een ander te kwetsen of zijn vriendschap te verliezen, angst om te falen, angst voor het oordeel van anderen, angst niet de juiste woorden te vinden, angst niet opgewassen te zijn tegen de ander, angst voor verlies van aanzien, enzovoorts.
Iemand met een probleem praat vaak niet over de gevoelens die de uitvoering van de oplossing in de weg staan. Soms doet hij het niet omdat hij zich ervoor schaamt. Veel vaker nog, omdat hij zich niet of slechts ten dele van deze gevoelens bewust is. Hij heeft er last van, maar heeft er nog geen naam voor.
Iemand die een oplossing aandraagt, ziet het eindresultaat voor zich en voelt niet wat de persoon voelt die hij het advies heeft gegeven. Zoals angst. Daarom zijn we altijd veel sneller klaar met andermans probleem dan met dat van onszelf. Of zoals de filosoof Blaise Pascal het zei: 'Andermans problemen oplossen is kinderspel.'
Zelfs als iemand ons een probleem voorlegt waar we zelf ook mee worstelen, weten we voor de ander al snel wel een oplossing. Een oplossing die kennelijk niet geldt voor de eigen situatie. Een voorbeeld ter illustratie.

Tijdens een training bracht een cursist een probleem in. Ze worstelde met de vraag wie ze aan moest nemen voor een vacature binnen haar afdeling.
'Er zijn twee gegadigden. Eén van de twee past precies in het profiel. Ze heeft al de nodige ervaring en ze ligt goed in ons team. We weten dat, omdat ze de laatste drie jaar heel vaak als inval- en oproepkracht in ons team heeft gewerkt. De andere kandidaat heeft ook als oproepkracht binnen ons team gewerkt. We kennen haar dus ook goed. Ze is nog jong en heeft nog maar weinig ervaring. Ze past daardoor minder goed in het profiel. Een gemakkelijke keuze, zou je zeggen. Er is echter een probleem waar ik mee zit. De meest geschikte kandidaat is vaak kortdurend ziek. Ze is gescheiden en heeft een kind van drie. Tegen mijn medewerkers heeft ze wel eens gezegd dat haar ex – waarmee zij

een co-ouderschapregeling heeft – vaak op onverwachte momenten zijn oppastaak aan haar "overdraagt". Ook meldt ze zich soms ziek als er met haar eigen oppas iets aan de hand is. Dat is al een paar keer gebeurd.'
Tijdens de training kwam deze cursist tot de slotsom de laatste kandidaat toch aan te nemen. 'Ze heeft de langste ervaring en al veel voor ons gewerkt. Ik vind het moeilijk om haar af te wijzen. Ze heeft de baan broodnodig om rond te komen.'
De cursist vroeg aan haar medecursisten wat zij van haar keuze vonden. Ze konden zich er helemaal in vinden.
Op één cursist na: 'Het lijkt allemaal prima zo, maar je schuift de problemen zo voor je uit. Ik zou dit nooit doen. Je keus is, vrees ik, ingegeven door de persoonlijke situatie van deze kandidaat. Denk aan je patiënten. Ze hebben recht op continuïteit van zorg, dit wil zeggen op een medewerker op wiens aanwezigheid ze kunnen rekenen.' Terwijl hij dat zei, spatte de verontwaardiging van zijn gezicht.
Even later was het de beurt aan deze cursist zelf, toevallig ook leidinggevende (hoofd van de afdeling klinische chirurgie van een algemeen ziekenhuis), om zelf een probleem in te brengen. Hij vertelde toen dat in zijn team een verpleegkundige werkzaam is die niet naar behoren functioneert. 'Ze werkt al twee jaar in mijn team en vanaf het begin komen er van patiënten om de zoveel tijd klachten over fouten en bejegening. Een jaar geleden, na de derde klacht, heb ik haar zover gekregen dat ze met onze psycholoog een begeleidingstraject van een halfjaar inging. In die periode ging het beter. Maar sinds een halfjaar is het weer het oude liedje. Opnieuw weer veel klachten. Ik dub daarom al een paar weken tussen twee mogelijkheden. De ene is om de verpleegkundige over te laten plaatsen naar een afdeling waar ze minder met patiënten te maken heeft en waar fouten minder snel fataal zijn. De andere optie is om voor de tweede keer haar aan een begeleidingstraject te laten deelnemen.'
Tijdens de plenaire oefening van het coachingsgesprek koos hij uitein-

delijk voor de tweede optie. 'Misschien hebben we het begeleidingstraject de eerste keer wel te snel beëindigd. In die periode waren er ook geen klachten. Ik vind het ook moeilijk om haar niet een tweede kans te geven.'
Toen ook hij in de nabespreking de anderen vroeg wat ze van de door hem gekozen oplossing vonden, reageerde als eerste de leidinggevende die eerder in haar case-bespreking gezegd had de vaak verzuimende medewerker aan te willen nemen. 'Wat me nu opvalt, is dat je mij als feedback gaf dat ik beter de niet-verzuimende collega kon aannemen, omdat ik anders later op de blaren moest gaan zitten en dat ik anders ook onze patiënten zou benadelen. Maar als ik goed luister, ga je nu net als ik bewust ook een risico aan waarmee je mogelijk problemen voor je uit schuift en waarmee je mogelijk ook je eigen patiënten benadeelt.'
Op het gezicht van de aangesproken collega-leidinggevende verscheen nu een voorzichtige lach. 'Ik schaam me een beetje. Je hebt gelijk. Ik doe hetzelfde als jij. Ik beken dat ook bij mij meespeelt dat ik het moeilijk vind om de verpleegkundige de wacht aan te zeggen en haar over te plaatsen.'

Dit voorbeeld laat ook zien waarom we er soms zo lang over kunnen doen om bij problemen tot een oplossing te komen. We willen een oplossing waar we achter kunnen staan en die bij ons past. Een oplossing moet goed voelen of niet veel te botsen met onze gevoelens.

★ Omdat anderen niet goed weten wat we voelen en iedereen anders in elkaar zit, is het moeilijk om te weten wat het beste bij een ander past.

Anders dan we vaak denken, is het kiezen van een oplossing niet een rationeel, maar veel meer een emotioneel proces. De wereldberoemde neuroloog Damasio (1998) illustreert dit aan de hand van het geval van Phineas Cage, die bij het werk aan een spoorlijn met springstof een gat moest maken in een rots en daarbij een wonderbaarlijk ongeluk kreeg. Bij de explosie doorboorde een ijzeren staaf, van één meter tien lang en drie centimeter in doorsnee, zijn hoofd. Het vreemde was dat hij niet op slag dood was, maar een paar minuten na het ongeluk weer in staat was te praten en te lopen. Heel opvallend was dat hij daarna geen beslissingen meer kon nemen op sociaal en persoonlijk vlak.

Damasio toont, mede aan de hand van talrijke andere casussen, in zijn boek overtuigend aan dat dit laatste kwam doordat door het ongeluk zijn gevoelens waren afgevlakt. Zonder gevoelens kunnen we ook niet meer kiezen, of in termen van Damasio: zonder emoties is het onmogelijk om rationeel te zijn.

Samenvatting

- We geven heel graag adviezen aan anderen.
- We houden er zelf niet van om van anderen adviezen te krijgen.
- We lossen het liefst problemen zelf op.
- Adviezen volgen we meestal niet op, omdat ze zelden op maat zijn en omdat gevoelens ons in de weg zitten.
- Het kiezen van een oplossing is niet een rationeel, maar een emotioneel proces.

2

De methode coachende gespreksvoering

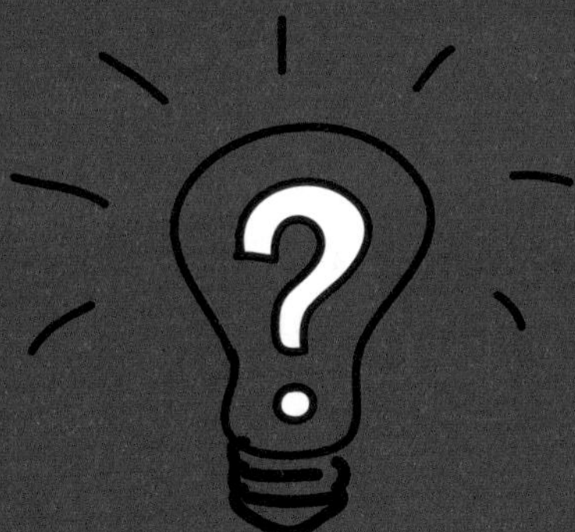

De boodschap van het vorige hoofdstuk is duidelijk: als iemand met een probleem of dilemma zit, dan kun je als coach beter geen advies geven. Wat kun je dan wél doen om iemand te helpen? Er blijft maar één antwoord over: hem helpen zijn eigen oplossing te bedenken. Immers, de cliënt kent zijn eigen situatie het beste. Ja maar, zul je nu waarschijnlijk tegenwerpen, hij komt juist naar je toe omdat hij geen oplossing weet! En: hoe kun je de cliënt helpen als je geen oplossing mag aandragen?

Op beide vragen past hetzelfde antwoord. De redenen dat mensen vaak tevergeefs worstelen met het oplossen van hun probleem is dat ze zichzelf niet de juiste vragen stellen. Dat ze bij het oplossen van hun probleem niet op gestructureerde wijze te werk gaan. En dat hun gevoelens ze in de weg zitten. In dit boek maak je kennis met de MCG, die deze drie obstakels aanpakt.

Vaste structuur

De methode bestaat uit zes stappen. Aanvankelijk telde ze er echter acht. De eerste geschrapte stap behelst de introductie. Hierin komen zaken aan bod als: vertrouwelijkheid, duur van het gesprek, toestemming vragen om als coach aantekeningen te mogen maken, het doel van het gesprek bepalen, bespreken van wederzijdse verwachtingen, de werkwijze van MCG verduidelijken en hiervoor toestemming vragen. Ik heb deze stap laten vallen omdat deze niet specifiek is voor de MCG en ik er van uit ga dat elke coach of hulpverlener genoegzaam bekend is met wat in de introductie van een gespreks- of coachingsmethode aan de orde dient te komen.
Om dezelfde redenen heb ik ook de evaluatie als aparte stap van de MCG laten vervallen.
De zes stappen van de MCG doorloop je met de cliënt in een vaste volgorde. Elke stap heeft ook vaste vragen en een aantal vaste manieren om op de antwoorden te reageren.

Voor een goed resultaat is het cruciaal om niet alleen nauwgezet de stappen te volgen, maar je ook exact aan de formulering van de vragen te houden. Als je dat doet, boek je de beste resultaten.

Als je het niet doet, loop je het risco vast te lopen. Zelfs bij een ogenschijnlijk kleine eigen verandering of aanpassing van de vragen. Een van de

vaste superlatiefvragen is bijvoorbeeld: 'Wat zou je nu het liefst zelf aan je probleem willen doen?' Als je dan bijvoorbeeld vraagt: 'Wat zou je nu het liefst willen?' krijg je vaak een heel ander antwoord.
Tijdens trainingen blijkt het telkens weer een enorme opgave om zich te houden aan de voorgeschreven formuleringen. Als ik cursisten vraag waarom ze afweken, is het antwoord steeds: 'Ik heb er moeite mee om te papegaaien. Bovendien voelt het zo onnatuurlijk. Het is dan niet iets van mezelf.'
Ik herken dat. Zo herinner ik me dat ik, in de vijfjarige periode dat ik als manager bij een ggz-instelling trainingen volgde (onder andere over verzuimbeheersing, zelfsturende teams en feedback geven), veel weerstand ervoer om me precies te houden aan de instructies van de trainer. Vaak kon ik de neiging niet weerstaan om praktijkoefeningen van 'een eigen kleur' te voorzien. In het vorige hoofdstuk leerde je dat mensen een bijna aangeboren hekel hebben aan adviezen. Ik vermoed dat die bijna aangeboren hekel aan adviezen ook bij mij gold voor het opvolgen van trainingsinstructies.
Maar toch, om de MCG onder de knie te krijgen is er geen andere optie dan deze natuurlijke neiging te onderdrukken. Mogelijk helpt het ook te bedenken dat bijna alle grote kunstenaars (net zoals beroemde schrijvers, schilders, muzikanten) hun loopbaan begonnen met na-apen. Zo laten de biografieën van popiconen en -bands als Bob Dylan, The Beatles, Bruce Springsteen en The Rolling Stones zien dat ze de eerste stappen van hun succesvolle carrière zetten door muziek van hun idolen na te apen c.q. spelen. Dylan speelde Woody Guthrie na. The Beatles bewonderden Buddy Holly en The Everly Brothers. De Rolling Stones probeerden te spelen zoals de bluesgiganten Muddy Waters en Howlin' Wolf. Bruce Springsteen besloot muzikant te worden toen hij voor het eerst Elvis Presley op de radio hoorde.

De schrijver Gerard Reve gaf in een interview aan aspirant-schrijvers als advies:

> *'Wil je zelf schrijver worden, dan moet je eerst goed naar je favorieten kijken en een verhaal of gedicht schrijven zoals hij dat doet. Gewoon imitatie. Streef nooit naar oorspronkelijkheid, die is helemaal niet mogelijk. Courbet heeft gezegd: "Het echte talent is niet bang voor beïnvloeding."'* (Ad Fransen, 2006)

Gerard Reve heeft zelf ook naar dit advies geleefd: de jonge Reve probeerde te schrijven als Toergenjev. En dat heeft hem veel gebracht, want juist over zijn eerste boeken (zoals *De Avonden*) wordt gezegd dat hij daarin op zijn best is.
Kortom, het levert meer op eerst een ander na te doen en daarna pas je eigen pad te kiezen. Pablo Picasso, algemeen beschouwd als de grootste kunstenaar van de twintigste eeuw, bewonderde de kunstschilders Caravaggio, Velázquez en El Greco. Hij probeerde hun werken in zijn beginjaren na te schilderen. Picasso zei: 'Je vindt iemand goed, die doe je na, dat lukt niet en dat ben jij.'
Omdat het zo belangrijk is om je precies te houden aan de stappen en de vaste vragen van de MCG, veroorloof ik me nu om je over een tweede experiment te vertellen dat ik een paar jaar geleden deed tijdens een cursus. Het idee ervoor ontstond spontaan tijdens de training toen een cursist vroeg: 'Is het ook écht zo dat door slaafs (excuseer me de term) de stappen te volgen en de voorgeschreven vragen te stellen, je dan het gesprek steeds tot een goed einde brengt?' Ik dacht even na en vroeg de cursisten om op de volgende manier de proef op de som te nemen via een experiment. 'Ik verklap zo wat het inhoudt. Maar ik heb daarvoor een casus nodig. Heeft er iemand momenteel een brandend probleem dat je hier plenair volgens de MCG durft te bespreken?'
Een van de cursisten meldde zich toen spontaan.

'Ik heb een heel goede vriendin, die me het laatste halfjaar al veel slapeloze nachten heeft bezorgd. De afgelopen maanden heeft ze me al vijf keer gebeld met de boodschap dat ze het niet meer ziet zitten en een einde aan haar leven wil maken. Tot nu toe ben ik telkens meteen naar haar toe gegaan om haar tot bezinning te brengen en haar af te houden van haar voornemen. Maar nu merk ik dat ik dit bijna niet meer trek. Elk telefoontje dat 's avonds binnenkomt, brengt me aan het schrikken. En ook mijn man begint er veel last van te krijgen.'
Ik verzocht vervolgens alle cursisten om de trainingsruimte te verlaten. 'Met uitzondering van de cursist die het probleem inbrengt en haar linker buurvrouw. De buurvrouw vraag ik om de eerste stap van de MCG uit te voeren. Als ze daarmee klaar is, haalt ze een van haar medecursisten van de gang. Ze mag zelf kiezen wie. Deze doet stap 2. Let wel: ze weet daarbij niet wat in stap 1 is besproken. Nadat ze de tweede stap heeft doorlopen, haalt ze de derde cursist voor stap 3. Enzovoort.'
Hoe zou dit experiment verlopen? Voor mij was de uitkomst ongewis. Als lezer weet je waarschijnlijk de uitkomst. Je denkt misschien: wetenschappers en vakbladen publiceren doorgaans alleen maar over gelukte experimenten, dat zal nu wel niet anders zijn. Inderdaad: tot verbazing van eenieder wist de cursist die het probleem in had gebracht na zes stappen exact wat ze wilde en ook zou gaan doen. 'Ik ga mijn vriendin vanavond nog bellen met de vraag of ik langs kan komen. Ik zeg dan eerlijk dat ik het niet meer aankan. Ik zeg haar ook dat ik heel graag wil dat ze hulp zoekt bij de ggz, dus bij professionals die haar écht kunnen helpen. Ik bied haar aan, als ze dat wil, om samen naar de ggz te gaan.'

Zoals iedereen weet, is het voorbarig om op basis van één experiment conclusies te trekken. Dat mag pas als één of twee volgende experimenten dezelfde uitkomsten laten zien. Ik had het geluk dat ik voor dezelfde instelling, waarbij ik dit experiment deed, nóg een training mocht verzorgen. Het verhaal van het experiment had binnen de instelling de ronde gedaan en de deelnemers van de tweede cursusgroep kwamen nu zelf met het verzoek om het experiment ook bij hen te doen. En het lukte opnieuw om de cliënt tot een zelfbedachte oplossing te laten komen!

De deelnemers van de twee cursusgroepen verbaasden zich, net als ik, telkens over de uitkomst. 'Op de automatische piloot de MCG toepassen, lijkt niet onder te doen voor de een-op-een toepassing zoals je deze ons nu leert. Hoe is het mogelijk?' Een van de cursisten kwam zelf met het volgende antwoord (waarbij ik de medecursisten driftig instemmend zag knikken):

> *'Naarmate je meer weet en meer hoort over een bepaald probleem, krijg je onbewust de neiging om het gesprek en de oplossing een eigen kant op te sturen. Nu je geen voorkennis hebt van de vorige stappen, heb je hier geen last van. Je luistert daarom echt onbevooroordeeld en kunt simpelweg niets anders doen dan je te houden aan de opdracht om de stappen te volgen.'*

Een tweede cursist merkte op:

> *'Het experiment maakt ook duidelijk dat je als hulpverlener helemaal niet de oorzaak hoeft te kennen van iemands probleem om te kunnen helpen. Dat staat haaks op wat ik ooit geleerd en ook steeds geloofd heb. Ik denk dat ik in de toekomst daarom maar minder tijd ga stoppen in probleemanalyses en wroeten naar oorzaken.'*

Na deze twee geslaagde experimenten hoefde ik – althans in deze twee groepen – geen moeite meer te doen om de cursisten ervan te doordringen dat ze zich heel nauwgezet moesten houden aan de vaste structuur van de MCG. Hopelijk geven de uitkomsten van deze experimenten je ook het doorslaggevende duwtje om hetzelfde te doen.

Levels

Op zijn vijfde werd mijn zoon, net als wereldwijd vele tientallen miljoenen kinderen, aangestoken door het Pokémon-virus. Elke dag was hij, alleen of met vriendjes, wel een uur bezig met zijn Pokémon-ruilkaartspel. Een kaartenspel dat wel uit honderden verzamelkaarten kon bestaan. (*'Gotta Catch 'Em All'*)

Als ouders gingen we ons zorgen maken toen hij, zo rond zijn vijftiende, in de ban raakte van de Pokémon-game, die toen net op de markt was gebracht. Stiekempjes ging hij er steeds meer tijd aan besteden.

Heel vaak vroeg ik me af: hoe heeft het toch zo ver met hem kunnen komen? Hoe is het de bedenkers van Pokémon gelukt om hem – en nog zoveel andere kinderen – helemaal in haar ban te krijgen? Op een dag besloot ik naar de bron te gaan en het mijn zoon zelf te vragen. 'Kun je me uitleggen waarom je van kinds af aan Pokémon zo leuk vindt?'

In zijn uitleg had hij het meteen over levels. 'Je begint met level 1 en kunt naar steeds hogere levels, tot wel meer dan honderd levels. En in elk level heb je als Pokémon Trainer, want zo heet je als speler, steeds meer mogelijkheden.'

Wat enorm ingenieus, dacht ik, want meteen moest ik denken aan wat ik in een grijs verleden had geleerd tijdens mijn psychologiestudie. Net zoals het brein van een topsporter, die een gouden medaille wint, op het moment suprême een stofje aanmaakt dat hem een gelukzalig gevoel geeft, zo krijgt ons brein ook eenzelfde soort chemische boost (van euforie veroorzakende neurotransmitters) als we een prestatie leveren. Zoals het behalen van een hoger level bij Pokémon.

En dan heeft Pokémon ook nog eens een tweede beloning gecreëerd door de speler op elk hoger level meer mogelijkheden te bieden. Door de vele levels heeft Pokémon als het ware de condities voor verslaving al handig ingebouwd.

Op het moment dat ik dit schrijf (in de zomer van 2016) heeft Pokémon weer een nieuwe rage weten te ontketenen: Pokémon Go. Op internet lees ik hierover in een paar zinnen wat mijn zoon me ook trachtte duidelijk te maken toen ik hem vroeg naar het geheim van Pokémon:

> *In Pokémon Go kun jij als Trainer hogere levels behalen. Uiteraard begin je bij level 1. Per level worden er nieuwe functies, items en meer toegevoegd aan het spel. Naarmate het level van je Trainer stijgt, kun je meer in de game en krijg je rewards: je kan dan een zeldzame Pokémon tegenkomen. Het is dus van belang om hogere levels te halen.*

Na het gesprek met mijn zoon besloot ik in mijn trainingen voortaan met levels te gaan werken.
Door het werken met levels kon ik de MCG gedoseerd trainen. Bovendien maken levels de training speelser en daardoor aantrekkelijker. Voor de cursisten en voor mezelf. Op de derde plaats kunnen cursisten sneller met de methode aan de slag en ervaren zij eerder de beloning van een succesvol verlopen gesprek. Ten slotte kunnen de cursisten hun vorderingen registreren en na elk behaald level doorstromen naar het volgende level.
Het was nog een heel gepuzzel om de training in levels op te bouwen. De uitkomst ervan zie je als je de inhoudsopgave van dit boek bekijkt. Dit boek heeft namelijk dezelfde opbouw als de training.

Hoe krijg je de MCG onder de knie?

Aan het einde van het vierde hoofdstuk (level 1) ben je zover dat je de eerste praktijkervaringen op kunt doen met de MCG. Ik raad je aan om dit dan ook meteen te doen en pas het volgende hoofdstuk (over level 2) te lezen als je level 1 beheerst.
De tweede tip die ik je wil geven:

Neem de vrijheid om bij het oefenen van elk level een geheugensteun te gebruiken met de structuur van de stappen en de vaste vragen en reacties.

Het beste is om de cliënt hiervan vooraf op de hoogte te brengen.
Je zult merken dat naarmate je de hogere levels van de MCG bereikt, je je geheugensteun steeds harder nodig hebt. In level 1 hoef je slechts zes vragen te kennen en te onthouden. Het brein kan dat goed aan. Maar in level 2 verdubbelt het aantal dingen dat je moet onthouden naar twaalf. Ook als je een academische opleiding hebt genoten, heeft je brein hier de nodige moeite mee. En dat geldt nog meer als er in level 3 weer extra vragen en voorgeschreven reacties bij komen.
Doe de geheugensteun pas weg als je de inhoud ervan kunt dromen.
Het papegaaien van de MCG voelt volgens veel cursisten, in eerste instantie, onnatuurlijk aan. Sinds ik de bestseller *Ons feilbare denken* van Daniel Kahneman (2011) heb gelezen, feliciteer ik cursisten die het papegaaien als gekunsteld benoemen. Zonder ironie. In eigen woorden vertel ik ze dan een van de hoofdgedachten van Kahneman. (Hij won de Nobelprijs voor economie vanwege de integratie van inzichten uit psychologisch onderzoek in de economische wetenschap.)

'Herinner je je nog je eerste rij-, dans-, ski-, tennis- of andere les waarbij je een nieuwe vaardigheid moest leren? Weet je nog wat er door je heen ging toen je de instructies van je docent opvolgde? Waarschijnlijk dacht je hetzelfde als nu: het voelt gekunsteld, het is niet iets van mezelf. De reden hiervoor is dat je bij het aanleren van een nieuwe vaardigheid je hersenschors, de buitenkant van je brein, gebruikt. Bij elke nieuwe beweging of actie moet je nadenken. Je observeert jezelf daarbij. Je bent dan als het ware verdeeld in twee ikken: de ene die handelt en de ander die toekijkt en zo nodig corrigeert. Niets gaat nog vloeiend. Het voelt niet als iets van jezelf. Dit gevoel krijg je pas als je na lang oefenen en je niet meer na hoeft te denken over je bewegingen op de automatische piloot overstapt. Een ouder deel van het brein heeft het stokje dan overgenomen van de cortex. Dan pas voelt het wel natuurlijk. Je observatie dat het nu gekunsteld voelt, is een teken en bewijs dat je aan het leren bent. Gefeliciteerd!'

Uit leeronderzoek blijkt dat het aanleren van een nieuwe vaardigheid gemiddeld zo'n honderd dagen dagelijks oefenen vergt. Het devies is dus: oefenen, oefenen, oefenen. Niemand leert in één dag pianospelen. Voor het leren toepassen van de MCG geldt hetzelfde. Hopelijk ben je nu niet zo ontmoedigd dat je er nu helemaal niet aan begint, maar heb je zo nu juist de optimale 'mindset' om je de MCG eigen te maken.

Samenvatting

- De MCG bestaat uit zes stappen die je met de cliënt in een vaste volgorde doorloopt.
- Elke stap heeft vaste vragen en een aantal vaste manieren om op de antwoorden te reageren.
- Voor een optimaal resultaat is het van belang je strikt aan de vaste structuur van de MCG te houden.
- Het is aan te raden om na elk level meteen praktijkervaring op te gaan doen en pas naar het volgende level te gaan als je het vorige level beheerst.
- Je leert de MCG het beste en snelste door bij elk level gebruik te maken van een geheugensteun.

3

De zes stappen van de methode coachende gespreksvoering

In dit hoofdstuk maak je kennis met het raamwerk of skelet van de MCG. Je leert nu wat elk van deze zes stappen inhoudt.

Stap 1
Het verhaal zien door de ogen van de cliënt

Stel, je worstelt met een probleem en degene aan wie je het voorlegt, onderbreekt je bij de eerste zin al en zegt: 'Voordat je verdergaat, wil ik je eerst nog iets vragen. Wil je nu van mij begrip óf wil je een oplossing?' Stel je verder voor dat de ander je het vuur aan de schenen legt en zegt: 'Nee, je mag niet beide kiezen.' Waar kies je voor?
Met het mes op de keel zul je, net als de meesten, waarschijnlijk kiezen voor begrip. Waarom? Wij ervaren begrip als heel behulpzaam. Als we onze ervaring kunnen delen, voelen we ons gesteund en hebben we het gevoel er niet meer alleen voor te staan. Dat vinden we zelfs in eerste instantie nog belangrijker dan een oplossing. Daar komt bij dat we altijd nog maar moeten zien of een oplossing die de ander aandraagt daadwerkelijk zal helpen, terwijl het ervaren van steun al een onmiddellijk effect is dat niemand ons meer kan afpakken.
Daarom begint elk coachingsgesprek met het laten vertellen van het verhaal. Als coach maak je zo ook de start voor het opbouwen van een vertrouwensrelatie.
Bij de MCG is het echter niet voldoende om alleen het verhaal te laten vertellen: als coach doe je je best het verhaal zoveel mogelijk door de ogen van de ander te zien.

Jouw pogingen om de cliënt beter te begrijpen, zorgen ervoor dat de cliënt over zijn eigen probleem gaat nadenken en het beter gaat begrijpen. Doordat hij zijn verhaal aan je uitlegt en jij hem er vragen over stelt, krijgt hij immers meer inzicht in zijn eigen probleem.

Als je bijvoorbeeld vraagt wat hij belangrijk vindt in deze kwestie of vraagt waar hij bang voor is, gaat hij beter begrijpen waar de schoen wringt en zal hij mogelijk verbanden en hoofdlijnen zien die hij tot dat moment niet zag. Ook zal hij, door zijn verhaal te vertellen en soms de samenvatting ervan terug te horen, er beter de ernst van inzien. Of – dat kan ook – het probleem beter kunnen relativeren. In het ideale geval fungeer je als een spiegel waarin de cliënt zijn probleem weerspiegeld ziet. Het resultaat ervan is dat de cliënt zijn probleem als het ware helder 'voor zich ziet'. Dit brengt hem vanzelf dichter bij een eigen geformuleerde oplossing.

Doordat je in de eerste stap het perspectief probeert in te nemen van de cliënt, zal niet alleen de cliënt zijn probleem beter begrijpen, maar jij ook! Je hebt iemands verhaal nodig om te begrijpen waar hij mee zit en je hulp bij inroept.

Stel je voor dat iemand niet goed weet hoe de balans te vinden tussen werk en privé en daar een oplossing voor wil. Stel verder dat je niets weet over zijn werksituatie, noch iets over zijn privésituatie; zou je dan zijn probleem kunnen begrijpen? Nee, natuurlijk niet. Of op zijn best heel gebrekkig. Hoewel veel mensen worstelen met het probleem van het vinden van de juiste balans, gaat het telkens om een ander probleem. Elk probleem wordt immers gekleurd door iemands eigen geschiedenis, persoonlijke situatie, karakter, mogelijkheden, verlangens, waarden enzovoorts.

Voor de één is het balansprobleem dat men minder tijd wil besteden aan het werk, voor de ander dat men er juist meer tijd aan wil besteden, voor een derde dat men er evenveel tijd aan wil besteden maar zonder dat de partner klaagt over zijn gemaakte overuren, voor een vierde dat men tijdens privétijd minder aan het werk wil denken, voor een vijfde dat men tijdens het werk het privéleven (bijvoorbeeld de gedachten aan de baby of de dementerende moeder) los wil kunnen laten.

Elk probleem, hoe universeel ook, is een uniek probleem. De uniciteit ervan ontdek je het beste als je je probeert te verplaatsen in de ander. Je voorkomt daarmee dat de cliënt een onderzoeksobject wordt en dat jij het

meeste denkwerk verricht in plaats van de cliënt zelf.
De ander echt begrijpen en het verhaal door zijn bril zien, is verre van eenvoudig. Als de ander je iets vertelt, dan gaat het verhaal door je eigen filter, dat gevormd is door je karakter, je levensgeschiedenis, je angsten, je voorkeuren, enzovoorts. Een heel eenvoudige oefening die ik tijdens de trainingen vaak doceer maakt dit duidelijk.

Ik vraag cursisten om hun eerste gedachte bij het woord 'voetbal' op te schrijven. Dit levert de meest uiteenlopende associaties op zoals 'Ajax', 'verloren finale WK's tegen West-Duitsland en Spanje', 'zaterdagochtend langs de lijn staan om naar de D-pupillen te kijken waar mijn zoon in speelt', 'hooligans', tot en met 'Op zondagavond om zeven uur mag je niets zeggen, want pa kijkt naar Studio Sport'. De één wordt heel blij van het woord 'voetbal', de ander is meteen vervuld van afschuw.

★ Bij elk woord dat we horen, hebben we onze eigen associaties. Dezelfde woorden horen betekent dus niet dat we hetzelfde horen.

De Chinese wijsgeer Confucius wist dit ook al:

Zilu vroeg: 'Meester, de koning van Wei verzoekt u de leiding van zijn regering op zich te nemen, welke maatregel zult u het eerste nemen?' Confucius antwoordde: 'Ik zou voor eerst en vóór alles duidelijk vastleggen wat ieder woord betekent.' Zilu riep uit: 'Meester! Meent u dat nou? Iedereen weet toch wat elk woord betekent: waarom daarmee tijd verliezen?' Confucius antwoordde: 'Hoe klein toch je verstand, Zilu! Een verantwoordelijk mens legt een uiterste voorzichtigheid aan de dag tegenover alles wat hij niet begrijpt. Wanneer de betekenis van elk woord niet vaststaat, praat iedereen naast elkaar heen. Wanneer woorden voor verschillende interpretaties vatbaar zijn, kan geen enkele opdracht tot een goed einde worden gebracht.' (Uit: Van den Berghe, 2002)

In het volgende hoofdstuk leer je hoe je stap voor stap het verhaal door de ogen van de ander kunt zien. Het lukt je nooit om tijdens een coachingsgesprek voor de volle honderd procent het perspectief van de ander in te nemen. Volledig in de schoenen van de ander gaan staan, is geen mens gegeven. Door je te bekwamen in de MCG, benader je het perspectief van de ander steeds beter.

Stap 2
De cliënt helpen bij het formuleren van zijn probleem

Op het gymnasium was ik dramatisch slecht in algebra en meetkunde. Ik had er geen aanleg voor en ik had er (mede daardoor) een grote hekel aan. In mijn eerste en tweede studiejaar had ik voor deze twee vakken onvoldoendes. In het derde en vierde jaar haalde ik nog steeds een onvoldoende voor meetkunde, maar wel een heel mager zesje voor algebra. Deze krappe voldoende dankte ik niet aan mijn inzet voor dit vak, maar aan de wiskundeleraar die een bijzondere opvatting over de beoordeling van wiskundeopgaven had.
De opgaven die we kregen bestonden vaak uit twee delen: het formuleren van wat je moest bewijzen en de uitwerking van de bewijsvoering. Welnu, tot het laatste was ik maar zelden in staat. Het eerste lukte me gelukkig heel vaak wel. Onze wiskundeleraar vond dat eerste deel nog belangrijker dan het tweede: 'Als je een probleem helder kunt formuleren, dan ben je eigenlijk al over de helft. Neem van mij aan,' zo voegde hij er bij wijze van levensles aan toe, 'dat dit ook geldt voor de andere, dus niet-wiskundige problemen. Het eerste is ook vaak het moeilijkste.'
Ik was ongeveer veertien toen de wiskundeleraar dit zei.
Waarschijnlijk is deze wijze les me altijd bijgebleven, omdat deze

opvatting over wiskunde me voor een doublure behoed heeft. In het derde en vierde jaar van het gymnasium kregen we namelijk ook nog de bètavakken scheikunde en natuurkunde, waar ik steevast ook onvoldoendes voor scoorde. Als ik voor alle vier de bètavakken een onvoldoende zou hebben gehaald, had men me onmogelijk kunnen laten overgaan.
Als iemand zich met een probleem tot je wendt, dan gaat de wijsheid van de wiskundeleraar ook op. Of zoals Charles F. Kettering (1876-1958), onder andere de uitvinder van benzine en de elektrische startmotor, het zei: 'Een goed omschreven probleem is voor de helft al opgelost.'

De tweede stap van de MCG behelst dan ook dat je tot een bondige probleemomschrijving komt zoals gezien door de ogen van de cliënt. Het gaat dus niet om jouw definitie van het probleem, maar om die van de cliënt.

Zoals ik in het vorige hoofdstuk schreef, hebben we de neiging om zelf de diagnose te stellen en het probleem te omschrijven. Maar met onze omschrijving is de ander niet geholpen. Zelfs niet als jouw omschrijving 'beter' is dan die van de cliënt en meer perspectief zou bieden op een structurele oplossing.
Stel dat jij vindt dat de kern van het eerder genoemde balansprobleem bij een bepaalde cliënt is dat de cliënt zowel privé als qua werk te veel van zichzelf vraagt. Stel verder dat de cliënt zelf vindt dat zijn probleem vooral te maken heeft met de veeleisendheid van zijn vrouw en hij ermee worstelt hoe hij zijn vrouw zover krijgt dat zij zich ermee verzoent dat hij (veel) overwerkt. Zal een gesprek dan veel zoden aan de dijk zetten als jouw probleemdefinitie het vertrekpunt is?
Of neem het volgende voorbeeld. Een stel benadert je omdat het worstelt met het opvoeden van hun kinderen. Al snel staat voor jou vast dat de kinderen lastig gedrag vertonen omdat de ouders niet goed met elkaar omgaan, waardoor ze geen veilige of prettige omgeving voor de kinderen bieden. Wat als jij dan zegt: 'De kinderen zijn niet het probleem, maar

jullie zijn het zelf.' Hoe groot schat je je kansen in dat je gehoor vindt voor jouw probleemomschrijving?
Of stel dat je je eigen probleemomschrijving als startpunt neemt voor het coachingsgesprek en niet weet hoe de cliënt zelf zijn probleem ziet. Denk je dat je er dan gerust op mag zijn dat het een vruchtbaar gesprek zal worden?
Als je je eigen probleemomschrijving als uitgangspunt neemt, dan loop je het risico dat je het probleem groter maakt dan het is. De beroemde Amerikaanse communicatiegoeroe Paul Watzlawick verwoordt het in zijn boek *Geluk is ook niet alles. Een handleiding voor ongelukzoekers* (1984) zo: 'Denk aan een klein alledaags probleem waar je last van hebt. Praat er met een professional over en kijk hoe groot je probleem na een uur geworden is!'

★ Een van de grootste valkuilen van hulpverlening is dat je bepaalde vragen niet stelt, omdat je het antwoord al denkt te weten.

Met name in de fase van probleemomschrijving komt het vaak voor dat de meest cruciale vraag niet wordt gesteld. Om te laten zien wat er gebeurt als je niet bij de cliënt zelf informeert wat hij als zijn probleem ziet, veroorloof ik me weer een uitstapje naar mijn training van de MCG.
Ik doceer de methode altijd een paar keer plenair. Een van de cursisten brengt dan een probleem in en gezamenlijk doorlopen we dan de zes stappen. Bij het begin van stap 2, het probleem, vraag ik de cursisten: 'Wat denk je dat het probleem is van de cliënt? Wil iedereen zijn vermoeden opschrijven? En wil de cliënt ook opschrijven wat zijn probleem is? Dan kunnen we dadelijk de antwoorden met elkaar vergelijken.' De uitkomst is steeds weer voor iedereen verrassend. In de meeste gevallen heeft de meerderheid iets anders opgeschreven dan de cliënt zelf.
Het is opmerkelijk dat je als coach er vaak naast zit als het erom gaat het probleem van de cliënt te raden. Maar het is nóg opmerkelijker dat de cliënt bij het begin van de opdracht zélf vaak niet eens weet wat zijn probleem is! Pas als hij de vraag krijgt voorgelegd wat zijn eigenlijke

probleem is, gaat hij erover nadenken en realiseert hij zich op dat moment dat hij het probleem nog niet helder had.
Kortom, de tweede stap van de coachingsmethode houdt in dat je de cliënt helpt om zijn probleem helder te omschrijven en te komen tot een korte probleemdefinitie. Waarom kort?

★ Hoe korter en duidelijker de omschrijving, hoe gemakkelijker het is om een oplossing te bedenken. Een goede korte definitie zorgt vaak al voor helderheid in het hoofd van de cliënt en brengt hem al naar het begin van de oplossing.

Stap 3
Aandacht geven aan de gevoelens die de cliënt ervaart bij zijn probleem

De derde stap van de MCG houdt in dat je aandacht schenkt aan de gevoelens die de cliënt ervaart bij zijn probleem.
Mogelijk denk je nu: waarom na de omschrijving van het probleem niet meteen doorstomen naar de oplossing? Is aandacht schenken aan gevoelens geen hinderlijke onderbreking van het gesprek en dat juist op het moment dat een oplossing in zicht komt? Het antwoord op de twee vragen is dat wél aandacht schenken aan de gevoelens van de cliënt om diverse redenen juist heel vruchtbaar is.
Soms is het zo dat gevoelens eerst geuit moeten worden voordat iemand na kan denken over verstandige oplossingen. Ratio en gevoel zetelen in twee verschillende delen van de hersenen.

★ Als iemand vol gevoelens zit, houden ze hem in de greep en is de rede niet toegankelijk. Iemand moet dan eerst zijn gemoed luchten en zo geestelijke ruimte scheppen.

Het laten uiten van gevoelens is niet voldoende; gevoelens moeten daarna ook nog worden erkend. Als dat laatste ook gebeurt en gevoelens worden gehoord, dan worden ze minder hevig. Een voorbeeld uit een training:

Gevraagd naar zijn gevoelens bij zijn probleem antwoordt de cliënt: 'Boos! Aan het begin van de vergadering had ons team nog besloten elkaar niet meer te evalueren, maar tijdens dezelfde vergadering werd ik later zelf als individu door iedereen toch geëvalueerd, plenair. Ik was compleet verrast. Ja, ik ben er nog boos over. Zou jij dat niet zijn?'
Coach: 'Boos?'
Cliënt: 'Nou, boos, meer teleurgesteld. Iedereen weet dat ikzelf juist een van de grote voorstanders ben geweest van plenaire gezamenlijke evaluaties. Het is een prima middel om tot kwaliteitsverbetering te komen. Het viel me alleen tegen dat mijn collega's zo snel van mening veranderden. Het komt zo opportuun over en ik weet dan niet waar ik aan toe ben.'

Pas als iemand de heftige gevoelens die hij bij het probleem ervaart zelf tot bedaren heeft weten te brengen, is hij in staat om na te denken over een (redelijke) oplossing. Niets heeft een sterker helend effect dan de erkenning van gevoelens (Gunster, 2010). Maar dat is niet het enige.
Door zich bewust te worden van de eigen gevoelens bij het probleem, zal de cliënt ook beter weten in welke richting hij de oplossing moet zoeken.
Dit vraagt om uitleg. 'Een emotie is een actietendens,' aldus wijlen professor Nico Frijda (2001), wereldberoemd emotiedeskundige.
Het woord 'emotie' is afgeleid van het Latijnse werkwoord *movere*, dat 'bewegen' betekent. Een emotie of gevoel spoort iemand aan tot beweging, om iets te gaan doen. 'Doe dit of dat.'

Een gevoel van vertedering wil aanzetten tot aaien, haat spoort aan om de ander iets aan te doen, machteloosheid wil graag iets doen, maar stuit op een barrière, schuldgevoel wil iets uit het verleden ongedaan maken of als dit niet lukt ervoor lijden (bijvoorbeeld door zich te kwellen met schuldgevoelens), enzovoort.

★ Kortom, elk gevoel stuurt ons een bepaalde kant op.

Uiteraard zal in de meeste gevallen geen actie volgen. De reden is dat het verstand meestal de rem zet op het toegeven aan onze gevoelens. Zo zal iemand die getrouwd is doorgaans geen vrij spel geven aan een buitenechtelijke verliefdheid. Het remmen vergt vaak veel energie en is voor mensen met een zwakke impulsbeheersing soms te veel gevraagd.
Als een cliënt boos is op iemand of hem haat, wil hij de ander iets aandoen, hem pijn doen. Zoeken naar een constructieve oplossing met de cliënt is dan (nog) niet aan de orde. Als hij iemand juist heel erg mag, wil hij juist liever niet aan een oplossing denken waarmee hij de ander teleurstelt of pijn doet.
En er is nog een derde, minstens even belangrijke reden om stil te staan bij gevoelens: men kan zo ontdekken óf, en indien ja, in welke mate iets een probleem is voor de cliënt.

Als een cliënt bij een incident of probleem nauwelijks gevoelens heeft, er koud onder blijft of onverschillig, is er voor hem nauwelijks iets aan de hand.

Ik geef een voorbeeld om duidelijk te maken dat iemand pijnlijke gevoelens, ja, een zekere lijdensdruk, moet ervaren bij een probleem wil hij tot actie overgaan en iets aan zijn probleem gaan doen. Tijdens een training bracht een psychiatrisch verpleegkundige, werkzaam op de opnameafdeling van een ggz-instelling, het volgende probleem in:

'Het stoort me dat ik steeds moet komen opdraven als een patiënt moet worden gesepareerd. Mijn collega's zeggen dat ze mij vragen omdat ik er zo goed in ben, maar zo maken ze zich er wel erg gemakkelijk van af. Ja, ik wil dat anderen ook hun verantwoordelijkheid nemen om patiënten te separeren, maar ik weet niet hoe ik hen zover kan krijgen.'
Toen hem gevraagd werd naar de gevoelens die hij bij dit probleem ervoer, bleef het lang stil. Uiteindelijk zei hij: 'Eigenlijk geen, nee, ik kan niets benoemen. Een beetje gefrustreerd, misschien.'
Algauw bleek dat de situatie voor hem niet echt een probleem was. Aan de ene kant verweet hij zijn collega's weliswaar gemakzucht dat ze hem steeds riepen om een patiënt te separeren, aan de andere kant wilde hij aan deze situatie niets veranderen, omdat hij hier een deel van zijn identiteit aan ontleende. Hij was er trots op dat hij de vaardigheid van het separeren veel beter beheerste dan zijn collega's. Dit maakte dat zijn collega's naar hem opkeken, hem waardeerden, het maakte hem ook in zekere zin onmisbaar. Diep in zijn hart wilde hij dit ook het liefst zo houden.'

Omdat de verpleegkundige nauwelijks iets voelde bij het ingebrachte probleem, was het nauwelijks een probleem. Als men dit in deze fase vaststelt, weet men dat het weinig zin heeft het probleem verder te bespreken. Het gevoel als motor voor verandering is immers niet aanwezig. Als daarentegen blijkt dat iemand bij een probleem hevige gevoelens ervaart, dan is het wel een groot probleem. De motivatie om iets aan het probleem te doen is dan navenant groot. Het is dan ook niet toevallig dat een persoonlijke crisis mensen vaak aanzet tot verandering.

★ Een ander gegeven is dat bij hevige maar tegenstrijdige gevoelens (bijvoorbeeld enerzijds boosheid, anderzijds begrip of medelijden) een probleem voor iemand moeilijk oplosbaar is.

Het is voor hem dan heel moeilijk een bepaalde richting te kiezen. Zijn gevoelens slingeren hem immers heen en weer.
Ten slotte, door stil te staan bij gevoelens ontstaat er echt een band tussen de cliënt en de coach. Een vertrouwensrelatie is meestal nodig voor het helpen oplossen van een probleem. Hoe groter het probleem, des te belangrijker deze vertrouwensrelatie is. Vertrouwen is vaak niet iets wat er vanzelfsprekend is, men moet het keer op keer zien te winnen. Zo moeten ook partners in een relatie telkens opnieuw hun vertrouwen 'bewijzen'.

Stap 4
De cliënt helpen bij het formuleren van zijn favoriete oplossing

Je hebt je in stap 1 proberen te verplaatsen in het verhaal van de cliënt. In stap 2 hielp je zijn probleem bondig te verwoorden. In stap 3 vroeg je naar het uiten van zijn gevoelens bij het probleem en bevestigde je deze. Nu ben je dan zover dat er over een oplossing nagedacht kan worden.

In deze stap vraag je de cliënt zelf een oplossing te bedenken. De boodschap van hoofdstuk 1 is namelijk dat mensen zelden iets doen met oplossingen van anderen en dat je daarom als coach je er beter op toe kunt leggen de cliënt te helpen zélf een oplossing te bedenken.

Je vraagt niet om een oplossing, maar dé oplossing.
Dit wil zeggen zijn favoriete oplossing. Of die nu haalbaar is of niet.

De volgende ervaring bracht me op het idee om bij het vinden van een oplossing hiermee te beginnen.
Een van mijn belangrijkste taken bij de Kruisvereniging, mijn eerste

werkgever, was om wijkverpleegkundigen via consultaties te helpen bij problemen die zich tijdens hun patiëntencontact voordeden. Op een dag werd ik gebeld door een wijkverpleegkundige.

'Ik kom zojuist van een vrouw, ze is 50, vandaan die volledig dreigt te bezwijken onder de verzorging van haar dementerende moeder. Ze is naar de huisarts gegaan, omdat ze naar eigen zeggen overspannen dreigde te raken. Ze sliep niet meer, was erg moe, nerveus en huilerig. De huisarts heeft vervolgens mij gebeld, omdat ze volgens hem dringend hulp nodig heeft bij de verzorging. De moeder was een maand tevoren uit het ziekenhuis ontslagen, terwijl ze niet in staat was zelfstandig te functioneren. Omdat het niet verantwoord was dat ze naar haar eigen woning zou teruggaan, was er voor haar een plaats in het verpleeghuis vrijgemaakt. Hier voelde de moeder niets voor, daarom had ze haar favoriete, maar ook meest afhankelijke dochter zo onder druk gezet dat ze haar verzoek om haar thuis te verzorgen niet durfde te weigeren. Toen moeder thuiskwam, bleek echter al snel dat het voor deze dochter veel te zwaar was. Zoals de dochter zelf zei: "Na een paar weken was de rek er bij mij al helemaal uit."
Ik heb zojuist alles gedaan om de dochter te ontlasten. Ik heb aangeboden gezinszorg te regelen, zodat ze hulp krijgt in het huishouden. Ik heb aangeboden te regelen dat haar moeder enkele dagen naar de dagopvang van het verpleeghuis kan. Ik heb ook aangeboden zelf een paar keer per week langs te komen om moeder te helpen bij de badbeurt. Ik heb zelfs aangeboden een vrijwilliger in te schakelen, als oppas, zodat de dochter er elke week uit kan. Maar alles wat ik aanbied, weigert ze. Ik weet het nu even niet meer, daarom bel ik jou.'
Een collega die me enkele jaren daarvoor had ingewerkt, had me op het hart gedrukt bij consultaties altijd één bepaalde vraag te stellen en die stelde ik nu dan ook: 'Heb je de dochter gevraagd wat ze zelf wil?'
'Neen, sorry, helemaal vergeten,' antwoordde de wijkverpleegkundige.

'Dan zit er niet anders op dan het haar alsnog te vragen,' praatte ik mijn collega na.
Een dag later belde de wijkverpleegkundige me weer op. 'Ik heb het haar gevraagd. Ze wil het liefst dat ik haar help om haar moeder alsnog in het verpleeghuis geplaatst te krijgen. En nu snap ik ook waarom ze gisteren zo afwijzend reageerde op mijn aanbod. Mijn hulp accepteren zou betekenen dat ze nog steviger in een hoek werd gedrukt waarin ze niet wil zitten. Ze zou haar moeder dan moeten blijven verzorgen. Ze weet dus goed wat ze wil, maar ik had verzuimd het haar te vragen en uit zichzelf durfde ze er kennelijk niet over te beginnen.'

★ Deze ervaring leerde me dat iemand vaak alleen maar echt werk wil maken van een oplossing die hij helemaal ziet zitten.

In oplossingen die voor hem letterlijk tweede keus zijn, zal hij minder energie willen stoppen, er zelfs mogelijk niet aan willen beginnen of aan mee willen werken.
De bekende Griekse filosoof Socrates zag zichzelf als een geestelijke verloskundige, als iemand die de zwangere hielp bij het baren van haar eigen oplossing. De vierde stap van de MCG is, bij uitstek, de stap waarin je in de voetsporen van Socrates kunt treden.
Ja, maar wat als een voorgestelde favoriete oplossing gewoon niet haalbaar is, wat dan? De volgende stap geeft hier antwoord op.

Stap 5
De haalbaarheid nagaan van de favoriete oplossing

De kruitdampen van de Slag bij Austerlitz waren opgetrokken en Napoleon riep in opgetogen stemming een aantal van zijn dapperste soldaten uit verschillende landen bij zich. 'Omdat jullie zo moedig gestreden hebben, mogen jullie allemaal een wens doen,' sprak de keizer.
'Geef Polen terug aan de Polen,' schreeuwde een Poolse soldaat.
'Zoals je wilt,' antwoordde de keizer.
'Geef mij een boerderij met veel land,' riep een Slowaak.
'Komt in orde, beste man,' sprak Napoleon.
'Ik wil mijn eigen brouwerij,' gilde een Duitser, en wederom beval Napoleon de wens in vervulling te doen gaan. Zo ging het nog een tijdje door.
Uiteindelijk trad een Joodse soldaat naar voren en vroeg op beleefde toon aan de keizer of hij misschien een lekkere verse haring kon krijgen.
Hoewel Napoleon helemaal niets begreep van het vreemde verzoek van de Jood, gaf hij een van zijn bedienden ogenblikkelijk opdracht een schaal verse haring aan te laten rukken.
Toen de keizer met zijn gevolg was verdwenen, verzamelden zich alle soldaten rondom de Jood die zich tegoed deed aan de heerlijke haring.
'Hoe kon je in 's hemelsnaam zo dom zijn om zo'n stomme wens te doen? Man, je had rijk kunnen zijn,' klonk het van alle kanten.
De Joodse soldaat veegde met een gelukzalige glimlach zijn mond af, keek om zich heen en sprak: 'Laten we afwachten wie hier dom is. Jullie wensten de onafhankelijkheid van Polen, een grote boerderij met veel land, een eigen brouwerij en nog veel meer zaken die Napoleon nooit zal geven. Mijn wens was veel realistischer en jullie zien, ik heb gekregen wat ik vroeg.'
Terwijl het angstig stil werd pakte de Jood zijn laatste haring met twee vingers van de schaal, deed zijn hoofd achterover en liet hem tergend langzaam naar binnen glijden. (Malka, 1999)

Iemand heeft alleen iets aan een oplossing als die ook haalbaar is. In de vijfde stap staat daarom de vraag naar de haalbaarheid centraal.

Net als in de vorige stappen ben jij als coach niet degene die bepaalt of een oplossing haalbaar is, maar de cliënt.

Hij beslist hierover en daarmee of het waard is om er energie in te steken. Een voor de hand liggende vraag is nu: 'Ja, maar wat als de oplossing evident niet haalbaar is, maar de cliënt hier niet aan wil? Is het dan niet beter om dat meteen te zeggen?' Nee, het is beter dit niet te doen. Als je het wel doet, bestaat het gevaar dat de cliënt zich tegen je keert. Net als ouders er slecht tegen kunnen als anderen hun kinderen bekritiseren, zo hebben cliënten veel moeite met kritiek op hun eigen geesteskindjes. Je kunt daarom de cliënt beter zelf laten ontdekken of een oplossing haalbaar is of niet. Hetzij meteen in deze of de volgende stap, hetzij in de praktijk, wanneer hij met de oplossing aan de slag gaat.

★ Het nut van de vijfde stap – vragen naar de haalbaarheid – zit hem er vooral in dat deze de poort opent naar een reële of haalbare oplossing.

Zolang iemand vasthoudt aan een favoriete oplossing, zal hij weigeren energie te steken in andere, mogelijk meer reële oplossingen.
In deze stap neemt iemand vaak de cruciale en moeilijke horde om afscheid te nemen van zijn favoriete oplossing. Immers, gevraagd naar de haalbaarheid van de zojuist door hemzelf geopperde droomoplossing, zijn de meeste mensen in staat om in deze fase hier een reële inschatting van te maken. Als ze dan nu zelf aangeven dat de favoriete oplossing niet haalbaar is, dan nemen ze er op dat moment afscheid van. Dit afscheid is nodig om de stap te zetten naar haalbare oplossingen die tot dat moment niet bespreekbaar waren.
Wat jouw rol als coach hierbij is en hoe je in de praktijk de cliënt de 'switch' laat maken naar de haalbare oplossing, leer je in de volgende levels.

Stap 6
Stilstaan bij de uitvoering van de oplossing

Tot dusver heeft de cliënt alleen maar gesproken over een oplossing. Woorden kosten niets.

De Canadese psycholoog Richard Koestner (2008) stelt dat wie zijn dromen najaagt en hiervoor doelen formuleert, alleen verder komt als hij vooraf zogenaamde 'implementatie-intenties' formuleert. Hij bedoelt daarmee dat je doelen of oplossingen zo concreet mogelijk moet vertalen naar gedrag: wanneer, hoe en waar ga je er werk van maken. Dat is ook de bedoeling van stap 6.

In deze stap gaat het erom hoe je als coach de cliënt geestelijk kunt voorbereiden om zijn oplossing in de praktijk te brengen. Veel hulpverleners schenken aan deze stap helaas geen of weinig aandacht. De volgende ervaring is hiervan een illustratie.

Jaren geleden mocht ik alle medewerkers van een instelling voor specialistische jeugdzorg en jeugdhulp trainen in de MCG. Aan het eind van de training vroeg ik de cursisten, voor het merendeel pedagogen en psychologen, waar ze het meest aan hadden gehad. Tot mijn verbazing zeiden ze unaniem: 'Aan de zesde stap.' Toen ik onlangs de aantekeningen doorlas van deze training, las ik dat een van de cursisten hierbij deze toelichting gaf: 'Bij de begeleiding van jeugdigen en ouders stopte ik het gesprek altijd bij de oplossing. Nu ontdekte ik hoe belangrijk het is dan nog verder te gaan en aandacht te schenken aan de uitvoering. Nu snap ik ook beter hoe het komt dat er met oplossingen vaak niets gedaan wordt. Ik besef nu dat het niet alleen komt doordat we de jeugdigen en hun ouders onvoldoende betrekken bij het bedenken van de oplossing, maar vooral ook doordat ik niet stilstond bij de uitvoering van de oplossing.' Kort samengevat gaven de cursisten dus aan steeds zó gedacht te hebben: als we een oplossing hebben, dan zit onze taak erop. Dan zijn de jeugdigen en hun ouders aan zet.

★ Na het formuleren van de oplossing moeten woorden echter worden omgezet in daden. En dat is het moeilijkste wat er is.

Veel mensen zien vaak erg op tegen het aanpakken van problemen. Door na het formuleren van de oplossing stil te staan bij de uitvoering, kan de cliënt mogelijke obstakels op het spoor komen en deze heel vaak overwinnen. Terwijl jij als coach hem vragen stelt over de uitvoering, ziet de cliënt voor zich wat hij gaat doen en bedenkt hij vaak ook oplossingen voor problemen die hij voorziet. Zeker zo belangrijk is dat hij vaak minder tegen de aanpak van zijn probleem op zal zien als hij deze aanpak – ook al is het maar in gedachten – al heeft uitgevoerd. Vergelijk het met het voorbereiden van een verre reis waar je een beetje tegen opziet. Door thuis, in je vertrouwde omgeving, de reis uit te stippelen en voor te bereiden, ga je met een geruster gevoel op pad. Of vergelijk het met het houden van een presentatie waar je erg tegen opziet. Door van tevoren op te schrijven wat je gaat zeggen en een paar keer voor de spiegel te oefenen, zul je het er beter vanaf brengen en zul je minder plankenkoorts hebben.
Zelfs als iemand geen angst heeft om zijn oplossing in de praktijk te brengen, is het nuttig zijn aanpak met hem door te spreken. Ook dan kunnen vragen hem helpen om optimaal voorbereid te zijn bij de uitvoering van zijn oplossing.

Tijdens deze stap kan de cliënt ook ontdekken dat de oplossing bij nader inzien voor hem toch te hoog gegrepen is. Hij kan dan een stapje terug doen en in dit gesprek voor een oplossing kiezen die hem wél haalbaar lijkt.
In feite vormt de laatste stap het sluitstuk van de gezamenlijke zoektocht van coach en cliënt naar verandering. De Nederlandse psycholoog Martin Appelo heeft diverse goed verkochte boeken gewijd aan de vraag hoe het komt dat mensen vaak maar blijven doormodderen met hun problemen en doorgaans niet verder komen dan het maken van voornemens. Zijn laatste boek draagt dan ook de veelzeggende, pessimistische titel: *Waarom veranderen (meestal) mislukt*. Het woord 'meestal' staat bewust tussen haakjes, want soms – in circa 10 tot 20 procent van de gevallen – lukt het volgens Appelo wel. Dan moet volgens hem echter wel aan vijf condities worden voldaan.

> *Om te beginnen moet het probleem helder zijn omschreven (even opgelucht ademhalen: het doel van stap 2 van de MCG). De persoon moet vanwege 'voldoende' lijdensdruk een innerlijke drang hebben om te veranderen (het peilen van de lijdensdruk is een van de hoofddoelen van stap 3). Hij moet een alternatief hebben (het hoofdthema en doel van stap 4 en 5). Hij moet daarbij het gevoel hebben zelf iets aan zijn situatie te kunnen doen (een tweede thema van stap 4 en 5). Ten slotte moet hij nog de discipline op kunnen brengen om zijn voornemen uit te voeren. Zo zal hij vroegere automatismen moeten weten op te geven en sociale druk weten te weerstaan. Als coach onderzoek je in stap 6 ook of iemand deze discipline heeft. Dat doe je door er vragen over te stellen. Dit is, aldus Appelo, het enige wat je als coach kunt doen om iemand te helpen de beslissende stap te zetten.*

Of iemand uiteindelijk de beslissende stap zet, moet de praktijk uitwijzen. Vergelijk het met opvoeden. Als ouder leid je je kind stapje voor stapje naar de volwassenheid en help je het zoveel je kunt. Maar eenmaal 18 jaar en/of uit huis moet het kind het zelf doen. De uitvoering van zijn of haar volwassen leven ligt dan in handen van het kind zelf.

Samenvatting

De MCG bestaat uit zes stappen.

Stap 1: Het verhaal

Je laat de cliënt het verhaal vertellen. Je hebt dit nodig om te begrijpen waar iemand mee zit en je hulp bij inroept.
Je probeert daarbij het perspectief in te nemen van de cliënt. Zo breng je begrip over en help je de cliënt tevens zijn situatie beter te begrijpen.

Stap 2: Het probleem

Je helpt de cliënt zijn probleem beknopt te omschrijven.
Het gaat hierbij niet om jouw probleemdefinitie, maar om die van de cliënt. Een bondige probleemomschrijving helpt de cliënt dichter bij de oplossing van zijn probleem te komen.

Stap 3: De gevoelens

Je helpt de cliënt zijn gevoelens te uiten die hij ervaart bij zijn probleem. Tevens bevestig je zijn gevoelens.
Het uiten van de gevoelens helpt de cliënt tot een rationele beslissing te komen. Door gevoelens te uiten, zitten ze het verstand minder in de weg. De gevoelens die de cliënt bij zijn probleem ervaart, geven je een goede indicatie van de mate waarin de cliënt iets als een probleem ervaart. Tevens krijg je zo een goede indruk van zijn motivatie om iets aan het probleem te doen.

Stap 4: De oplossing

Je probeert de cliënt een zelfbedachte oplossing te laten formuleren voor zijn probleem.
Je vraagt naar zijn favoriete oplossing waarover hij zelf de regie heeft.
Je geeft aan de cliënt aan dat hij zich in deze fase niet hoeft te

bekommeren om de haalbaarheid. Je vraagt naar de meest favoriete oplossing, omdat hij hier de meeste energie in zal steken en andere oplossingen voor hem letterlijk tweede keus zijn.

Stap 5: De haalbaarheid

Je vraagt de cliënt hoe hij denkt over de haalbaarheid van zijn favoriete oplossing.

De cliënt heeft bijna altijd al heel snel een idee of zijn oplossing realiseerbaar is.

Als hij aangeeft dat de oplossing niet haalbaar is, dan stel je vast dat hier een streep doorheen kan en keer je terug naar de vorige stap. Het is het beste dat de cliënt zelf aangeeft of een oplossing al dan niet haalbaar is. Als jij een oplossing als onhaalbaar beoordeelt, zul je eerder op weerstand stuiten.

Stap 6: De uitvoering

De zesde stap is de uitvoering. In deze stap bereid je de cliënt geestelijk voor om zijn oplossing in de praktijk te brengen. Het vergroot de kansen om de oplossing succesvol uit te voeren.

De cliënt kan zo, in de veilige omgeving van het coachingsgesprek, mogelijke obstakels op het spoor komen en nu al mogelijkheden bedenken om deze te overwinnen.

De cliënt kan zo ook ontdekken of de oplossing bij nader inzien voor hem toch te hoog gegrepen is.

4

Level 1 De openeningsvragen van de zes stappen

In het vorige hoofdstuk maakte je kennis met het theoretische raamwerk en kader van de MCG. Van elk van de zes stappen leerde je de essentie kennen en kreeg je een beknopte onderbouwing.
In dit hoofdstuk duik je de praktijk in. Van elk van de zes stappen leer je nu de eerste interventie. Na dit hoofdstuk ben je in staat om al in ruim de helft van de gevallen de cliënt naar een door hem zelf bedachte oplossing te leiden

Stap 1
Het verhaal

Een hulpverlenings- of coachingsgesprek kan op twee manieren beginnen. De eerste manier is de formele manier. Iemand heeft een probleem en maakt daarvoor een afspraak met je. De opening is dan doorgaans: 'Je hebt een afspraak met me gemaakt, vertel eens.' Soms is deze opening overbodig en begint de cliënt op het moment van de afspraak spontaan te praten. Het laatste is ook het geval als iemand je informeel aanspreekt en vraagt: 'Heb je een momentje?' Vaak laat iemand deze inleidende vraag achterwege en steekt iemand meteen van wal.

De eerste stap van de MCG behelst dat je het probleem door de ogen van de cliënt ziet. Hoe doe je dat?

Eerst en vooral door actief te luisteren. En dit is moeilijker dan het lijkt. Een treffend voorbeeld van miscommunicatie binnen een relatie geeft Robert Bolton in zijn boek People Skills (2015):

> *Beatrice Glass botste met haar auto op een andere. Na die botsing belde ze zo snel mogelijk haar echtgenoot, Charlie. Ze vertelde hem dat ze een verkeersongeluk had. 'Hoeveel schade is er aan de auto?' was zijn eerste reactie. Nadat Charlie die informatie had gekregen, vroeg hij: 'Wiens schuld was het?' Daarna zei hij: 'Niets toegeven. Jij belt de verzekeraar en ik de advocaat. Wacht even, dan geef ik je het nummer.'*
> *'Nog andere vragen?' vroeg ze*
> *'Neen,' antwoordde hij, 'dat was het wel zo'n beetje.'*
> *'O, is dat zo?' schreeuwde ze. 'Mocht het je interesseren: ik lig in het ziekenhuis met vier gebroken ribben!'*

Je ziet: Charlie was het meest aan het woord, terwijl de vuistregel is dat degene met het probleem dit hoort te zijn. Hij had er zich op moeten toeleggen te ontdekken hoe zijn vrouw haar situatie zag.

Helaas komt het ook binnen partnerrelaties heel vaak voor dat de 'luisteraar' het gesprek domineert. Goed kunnen luisteren is niet alleen voor ons privéleven erg belangrijk, maar ook voor ons werkleven.
Studies hebben aangetoond dat de meeste mensen zo'n 90 procent van hun werkdagen besteden aan een van de vier vormen van communicatie: schrijven, lezen, praten of luisteren. Als vervolgens gekeken wordt aan welke van deze vormen van communicatie ze de meeste tijd besteden, dan blijkt luisteren eenzaam aan de top te staan. Meer dan de helft van de tijd is eraan gewijd. Mensen in leidinggevende posities besteden er zelfs zeventig procent van hun werkdag aan.
Effectief luisteren is dan ook een van de belangrijkste vaardigheden die een manager moet bezitten.
De vaardigheid is ook onontbeerlijk voor elk gesprek waarbij je iemand via de MCG probeert te helpen.

★ Wat is goed luisteren? Er zijn talloze definities van te geven. Ik ken er echter maar één die echt bevredigend is, namelijk zo luisteren als je zou willen dat ook anderen naar jou luisteren.

Schrijvers kunnen goed de essentie van moeilijke begrippen verwoorden. Ik citeer daarom nog een tweede schrijver, ditmaal de Deense schrijver Jens Christian Grøndahl, die in zijn roman *Hartslag* (2004) een beeldende beschrijving geeft van wat luisteren is:

'Hij had een speciaal vermogen zich op een gesprekspartner te concentreren, alsof hij alle anderen vergat. Hij kon je het gevoel geven dat je bijzonder bevoorrecht was, alleen omdat hij zo onverstoorbaar zat te luisteren terwijl hij je blik vasthield. Zelfs schuwe en stille mensen liet hij dingen zeggen die ze zichzelf nooit eerder hadden horen zeggen, en hij bracht de zelfingenomen types ertoe met hun veren te pronken.'

Goed luisteren is verre van gemakkelijk. Dat het moeilijk is, kun je heel simpel op de volgende manier vaststellen. Laat al je familieleden, vrienden en collega's aan je geestesoog voorbijtrekken en stel je hierbij de volgende vragen: wie van hen kan echt goed luisteren? Hoeveel van hen voldoen aan je maatstaf? Hoeveel houd je er nu over? Drie? Twee? Eén? Je mag blij zijn als zo iemand tot je intimi behoort.

Enkele jaren geleden werd ik naar aanleiding van de publicatie van een boek over dementie geïnterviewd. In dat gesprek vertelde de journaliste me hoe ze bij een bezoek aan een verpleeghuis met verbazing geluisterd had naar een gesprek tussen twee dementerende vrouwen. 'Ze praatten heel geanimeerd en gezellig met elkaar, maar ze vertelden allebei een eigen verhaal. Ze luisterden helemaal niet naar elkaar.' Ik vertelde de journaliste dat mensen met dementie ons veel kunnen vertellen over hoe wij zelf in elkaar zitten en dat wij vaak hetzelfde doen als mensen met dementie, maar dan beter verhuld of gecamoufleerd. Ook wij bezondigen ons er vaak aan dat we niet goed luisteren naar de ander en net als mensen met dementie wachten we vaak slechts onze beurt af om ons verhaal te vertellen.
Een van de hoofdpersonen in de psychologische thriller De verdenking van Michael Robotham (2003) merkt verbitterd op:

> *'Er zijn maar weinig mensen geïnteresseerd in wat iemand anders denkt of wat ze te zeggen hebben. Soms doen mensen net alsof ze luisteren, maar in werkelijkheid wachten ze tot zij weer aan de beurt zijn, of ze onderbreken je zodra ze kans zien.'*

De kunst van actief luisteren is eerst en vooral, zoals ook uit dit citaat blijkt: zet je eigen behoeftes en verlangens opzij.
Tijdens het luisteren dringen zich voortdurend gedachten aan je op die 'popelen' om hardop te worden verwoord, gedachten als:
- Ik ken iemand die ook zoiets heeft meegemaakt, rond je verhaal snel af dan zal ik je dat vertellen.

- Je hebt het bij het verkeerde eind.
- Nu je dit vertelt, schiet me iets heel anders te binnen wat ik je graag wil vertellen.
- Kom nou eens ter zake.
- Je vergeet het belangrijkste.
- Maak van een mug geen olifant.
- Je doet net alsof dat wat je vertelt nieuw voor me is, maar ik heb hier meer ervaring mee dan jij.
- Je verveelt me met je verhaal. Ik kan mijn tijd beter gebruiken.

Als je bij jezelf één of meerdere van deze gedachten herkent, weet je dat niet alleen anderen vaak slecht luisteren, maar dat jijzelf je hier ook aan bezondigt.

De waarheid is dat het bijna iedereen heel veel moeite kost om goed te luisteren. We denken goed te luisteren, maar vaak houden we onszelf dan voor de gek.

Voortdurend zijn we bezig met onze eigen gedachten, vullen we in wat de ander wil zeggen, trekken we verkeerde conclusies uit het verhaal van de ander en redigeren of vertalen we de woorden van de ander. Soms lukt het ons om dertig seconden echt te luisteren, maar er zijn ook momenten dat we al na een halve zin gehoord te hebben met andermans verhaal aan de haal gaan.

Luisteren

Als ik je vraag naar mij te luisteren
en jij begint mij adviezen te geven,
dan doe je niet wat ik je vraag.
Als ik je vraag naar mij te luisteren
en jij begint mij te vertellen,

waarom ik iets niet zo moet voelen als ik voel,
dan neem jij mijn gevoelens niet serieus.

Als ik je vraag naar mij te luisteren,
en jij denkt dat jij iets moet doen
om mijn problemen op te lossen,
dan laat je mij in de steek,
hoe vreemd dat ook mag lijken.

Dus, alsjeblieft, luister alleen maar naar me
en probeer me te begrijpen.

En als je wilt praten,
wacht dan even en ik beloof je
dat ik op mijn beurt naar jou zal luisteren.

Leo Buscaglia, psycholoog (1924-1998)

Wat is eigenlijk het geheim van goed luisteren?
Freud, de grondlegger van de psychoanalyse, hield zijn leerlingen voor dat ze alleen goede therapeuten konden worden als ze zich de kunst zouden eigen maken te luisteren met 'gleichschwebende Aufmerksamkeit'. Hiermee bedoelde hij onbevooroordeeld of 'blanco' naar de ander luisteren alsof je een toerist bent, die in een onbekende omgeving terecht is gekomen.

Goed luisteren houdt, aldus Freud, in dat men de houding van 'het-reeds-weten' moet laten varen en blijvend oprecht nieuwsgierig is naar het verhaal van de ander.

Alleen als je zo luistert, kun je helemaal in het hier en nu aanwezig zijn en je voor de cliënt openstellen. Je luistert niet alleen met je oren, maar met al je zintuigen.

Stap 2
Het probleem

Het doel en de essentie van de tweede stap van de coachingsmethode is om te komen tot een bondige probleemomschrijving. En niet een probleemomschrijving zoals jij deze ziet, maar zoals de cliënt zijn probleem definieert.
Je start met stap 2 als je je een goed beeld hebt kunnen vormen van het probleem van de cliënt. Je sluit dan stap 1 eerst af door te zeggen: 'Je hebt nu je verhaal verteld.' Of: 'Je hebt me het nodige verteld over waar je mee zit.' Vervolgens stel je deze vraag:

'Wat is voor jou nu het grootste probleem?'

Afhankelijk van de situatie kun je ook andere varianten kiezen. Zoals: 'Waar zit je nu het meeste mee?', 'Wat vind je het ergste?' of 'Wat houdt je nu het meeste bezig?' Zoals je ziet, bevatten al deze openingsvragen een superlatief: het grootste, het meeste en het ergste.
Waarom steeds een superlatiefvraag? Waarom niet volstaan met een gewone vraag als: 'Wat is het probleem?' of 'Waar zit je nu mee?'

★ Een superlatiefvraag nodigt de cliënt (nog) meer uit tot diep nadenken en het aanbrengen van ordening in zijn gedachten.

Het bewijs hiervan zie je vaak aan zijn ogen: ze schieten snel heen en weer.
Een superlatiefvraag verkleint ook de kans dat de cliënt een sociaal wenselijk antwoord geeft. De suggestie die van de superlatiefvraag uitgaat is immers: 'Zeg gerust wat je echt het meeste dwarszit, ik wil het heel graag weten.'
Het kan ook zijn dat cliënt tijdens stap 1 zich al heeft laten ontvallen wat zijn grootste probleem is. Mogelijk heeft hij zelfs letterlijk gezegd: 'Waar ik het meest mee zit, is …' Kun je er dan mee volstaan om de cliënt voor te leggen wat hij eerder zelf als (grootste) probleem omschreef? Nee. Al pratende zal de cliënt steeds een stapje verder zijn gekomen en daarom weer iets anders tegen zijn situatie aan zijn gaan kijken. Om deze reden is het raadzaam om na stap 1 altijd de vraag te stellen: 'Wat is nu je grootste probleem?'

Stap 3
De gevoelens

Angst, machteloosheid, teleurstelling, verdriet, jaloezie, schaamte, eenzaamheid, woede, vertwijfeling, wanhoop, enzovoorts. Elk probleem roept gevoelens op. Je gevoelens maken je duidelijk dat je een probleem hebt. Daarom: zonder gevoelens geen probleem.

In stap 3 probeer je deze gevoelens aan de oppervlakte te brengen en te laten benoemen. Hoe?

Nadat je de vraag naar het grootste probleem hebt gesteld – en hier dus verder niet op hebt gereageerd – stel je deze vraag: 'Wat voel je nu bij je probleem?'

Let op dat je de vraag in de tegenwoordige tijd stelt. Je wilt immers weten wat de cliënt nu bij zijn probleem ervaart. Als hij eerder gevoelens bij het probleem ervoer, maar nu niet meer, is het probleem nu van de baan. Het omgekeerde is ook mogelijk. De cliënt voelde in eerste instantie niet veel bij zijn probleem, maar nu wel.
Het doet er dus in feite niet zoveel toe wat de cliënt in eerste instantie voelde. De cliënt bespreekt het probleem omdat hij er nu mee zit. En daarom wil je ook weten wat het probleem nu met hem doet. Zoals eerder aangegeven, kom je dan ook aan de weet hoe gemotiveerd de cliënt is om aan het probleem te werken.
Sommige mensen hebben moeite met 'Wat voel je nu bij je probleem?' Zij vinden het werkwoord 'voelen' te soft klinken en kunnen het daarom niet over hun lippen krijgen.
Een alternatief is: 'Wat doet het jou?'
Deze variant bergt echter wel het risico in zich dat de cliënt dan geen gevoelens benoemt, maar zegt welke gedachten hij bij het probleem heeft. Dit risico is nog groter bij de varianten: 'Wat vind je hier nu van?' en 'Hoe is dat voor jou?'
Kortom, probeer je aversie tegen het woordje 'voelen' voor even te overwinnen.
Sommigen hebben geen moeite met het woord 'voelen', maar wel met het woord 'probleem'. 'Dat woord maakt het meteen zo groot en dramatisch!' In de vorige stap stelden ze daarom niet de vraag: 'Wat is nu je grootste probleem?', maar 'Waar zit je nu het meeste mee?' Hoe dit woord in de stap van gevoelsreflectie opnieuw te vermijden, terwijl de inhoud en intentie van de vraag wel hetzelfde blijft? Welnu, hier is een goed alternatief: 'Wat voel je nu bij waar je nu het meeste mee zit?' De zin loopt niet helemaal als je deze op schrift ziet, maar in de spreektaal voldoet hij wel en is hij ook heel duidelijk.

Wat als de cliënt in stap 1 al uitgebreid heeft verteld over zijn gevoelens? Is het dan nog nodig hier de vraag te stellen naar zijn gevoelens?

Ja. Het verhaal zoals verteld in stap 1 is te vergelijken met een film met diverse scènes: de intro, de spanningsopbouw, het hoogtepunt en de afloop. Tijdens al deze scènes kan de cliënt gevoelens ervaren.
Als een cliënt bijvoorbeeld vertelt over een klant die hem onheus bejegent, kan hij zich beledigd of bedreigd voelen; als een collega hem dan te hulp schiet, kan hij zich opgelucht voelen; als even later zijn baas hem terechtwijst, omdat hij rustig had moeten blijven, kan hij weer boos worden of zich schuldig voelen, enzovoorts. Stel dat deze cliënt als probleem heeft ingebracht dat hij na deze ervaring zich afvraagt of hij wel is opgewassen tegen agressieve klanten, dan zal hij andere gevoelens hebben dan wanneer hij zich afvraagt of hij zijn baas moet aanspreken op de wijze waarop deze hem bejegende.

Je vraagt dus in dit level rechtstreeks naar de gevoelens bij het probleem. Wat doe je met het antwoord op de gevoelsvraag? Nog niets! Je gaat meteen door naar de volgende stap. In de hogere levels leer je pas te reageren op de geuite gevoelens. Je leert dan ook hoe te reageren als de cliënt op je gevoelsvraag geen gevoelens benoemt of je vraag ontwijkt.

Stap 4
De oplossing

Als iemand een probleem heeft, dit helder voor ogen ziet en zich ook bewust is van de gevoelens die hij bij zijn probleem heeft, zal hij in de meeste gevallen ook een idee hebben over de wijze waarop hij het probleem wil aanpakken.
In stap 4 is het de bedoeling duidelijk te krijgen hoe de cliënt zijn probleem het liefst wil oplossen. Of de oplossing die hij voor ogen heeft ook haalbaar is, is in deze stap nog niet aan de orde.

Je opent deze stap met de zin: 'Ik vroeg je zojuist wat je grootste probleem is en wat je erbij voelt.' Zo sluit je de stap van gevoelsreflectie af en maak je het bruggetje naar stap 4.

Vervolgens vraag je: 'Wat zou je nu zelf het liefst aan je probleem willen doen?'

Ook deze formulering wil ik graag 'ontleden' om zo duidelijk te maken dat het hier heel nauw luistert. Vergelijk deze twee zinnen eens:
'Wat zou je nu zelf aan je probleem willen doen?'
'Wat zou je nu zelf het liefst aan je probleem willen doen?'
Zie je het verschil?
Als je de eerste vraag stelt, bestaat de kans dat cliënt niet zijn favoriete oplossing vertelt, maar een oplossing noemt die jij graag wilt horen. Bij de tweede vraag krijgt de cliënt maximale ruimte om te zeggen wat hij echt wil en is de kans op een sociaal wenselijk antwoord veel kleiner. Hij mag het achterste van zijn tong laten zien. Hij mag fantaseren. Zo kom je aan de weet wat zijn gedroomde oplossing is.
Het woord 'zelf' is met reden gekozen. Als iemand een probleem heeft, zijn er twee mogelijkheden. Iemand anders kan het voor hem oplossen, of hij kan het zelf oplossen. In het laatste geval heeft hij helemaal zelf de regie. Als hij voor de oplossing van zijn probleem van een ander afhankelijk is, moet laatstgenoemde niet alleen precies weten wat het probleem is, maar ook bereid en in staat zijn om mee te werken aan de oplossing. Vaak gaat het al mis bij het eerste. Stel bijvoorbeeld dat een medewerker zich geschoffeerd voelt door de onheuse bejegening van zijn leidinggevende en dat hij het liefst een excuus wil van zijn baas (de favoriete oplossing), dan is de kans groot dat de leidinggevende niet op de hoogte is van de wens van zijn medewerker. En mocht hij er wel weet van hebben, dan is het nog de vraag of hij hiervoor excuses wil aanbieden. Het is immers goed denkbaar dat de leidinggevende meent dat hij in zijn recht stond of dat hij vindt dat een excuus voor hem gezichtsverlies zou betekenen.

In alle gevallen moet de cliënt zelf bij zijn favoriete oplossing als eerste actie ondernemen. Zeker als hij daarbij afhankelijk van een ander is. Als hij een excuus verlangt, moet hij zelf zijn baas benaderen en zijn wens uitspreken.
Je begrijpt nu vast waarom de superlatiefvraag eindigt met het woord 'doen'.

★ Wil iemand iets aan zijn situatie veranderen, dan zal hij zelf iets moeten doen. Dus tot actie moeten overgaan.

In stap 2 (bondige probleemomschrijving) gaf ik aan dat sommige mensen moeite hebben met het woord 'probleem' en daarom liever vragen: 'Waar zit je het meeste mee?'
Als jij ook tot deze groep behoort, en in deze vierde stap ook liever het woord 'probleem' vermijdt, kun je dit als volgt doen: 'Ik vroeg je zojuist waar je het meest mee zit. Wat zou je nu het liefst zelf eraan willen doen?'
In hooguit tien procent van de gevallen zal de cliënt niet meteen een oplossing weten voor zijn probleem. Je kunt hem dan vragen om er de komende dagen eens goed over na te denken en elkaar dan opnieuw te spreken. Het resultaat van je coachingsgesprek is immers dat hij beter weet waar hij mee zit en daarom beter in staat is om over een oplossing na te denken. Mogelijk dat hij in de tussentijd wel een ingeving krijgt voor een oplossing. In level 1 stop je daarom hier voor dit moment het gesprek. De meeste mensen willen in een gesprek of sessie een probleem oplossen, maar het leven stelt ons soms voor problemen die zo ingewikkeld zijn dat we er een nachtje over moeten slapen. (En soms zelfs meerdere nachten.)

Stap 5
De haalbaarheid

Niet alle oplossingen zijn te verwezenlijken, dat geldt zeker voor favoriete oplossingen. Het doel van stap 5 is via een quickscan-vraag te onderzoeken of de in stap 4 gekozen oplossing realiseerbaar is.

Net als in de vorige stap leid je deze stap in, via een bruggetje waarmee je de vorige stap afsluit en de weg vrijmaakt voor de nieuwe stap.
Het afsluiten doe je via de zin: 'Dus dat wil je nu zelf het liefst aan je probleem doen?'

Dan stel je als openingsvraag van stap 5:
'Denk je dat dit voor jou haalbaar is?'

Of je stelt een van deze twee alternatiefvragen: 'Denk je dat dit voor jou te doen is?' of 'Acht je je daartoe in staat?'
Het antwoord is dan meestal 'ja' of 'nee', eventueel gevolgd door een korte toelichting. In het eerste geval ben je snel klaar. Je kunt meteen door naar de volgende stap.
Als de cliënt, meteen of na enige overdenking, concludeert dat de oplossing niet haalbaar is, dan zeg je: 'Deze oplossing valt dus af.' Dan pauzeer je even en geef je de cliënt even de tijd om deze vaststelling te laten landen.
Je constatering 'Deze oplossing valt dus af' is belangrijk. Doordat de cliënt zijn eigen conclusie nog eens hoort, krijgt hij het laatste zetje om definitief een streep te zetten door wat hij het liefst wilde.
Reageer je meteen na het horen van de ideale oplossing zelf met: 'Het is irreëel', dan loop je het risico dat de cliënt met jou in discussie gaat. Jij komt immers aan zijn lieveling, aan zijn droom.

Overbodig te zeggen dat wij mensen hier heel gevoelig voor zijn en dat een welles-nietes-gesprek de coachingsrelatie niet ten goede komt. Kortom, het is het beste als je de cliënt zelf in de gelegenheid stelt te concluderen dat een oplossing niet realiseerbaar is.
Na de zin 'Deze oplossing valt dus af' en een korte pauze, vraag je: 'Wat zou je dan nu het liefst zelf aan je probleem willen doen?' Je gaat dus weer terug naar stap 4. En daarna weer naar stap 5. Zo nodig herhaal je deze procedure nog een keer.

Stap 6
De uitvoering

Als je bij stap 6 bent, dan hebben jij en de cliënt al heel wat hordes overwonnen om tot een oplossing te komen. En nu komt de laatste horde. Je hoopt dat de cliënt zegt wat hij doet, want gezegd is nog niet gedaan. Tot dusver heeft de cliënt alleen maar gesproken over een oplossing. Maar zoals de Duitse dichter en schrijver Johann Wolfgang von Goethe terecht opmerkte:

★ *'Denken is gemakkelijk, doen is moeilijk en je gedachten omzetten in daden is het moeilijkste ter wereld.'*

In deze stap sta je samen met de cliënt stil bij de uitvoering. Dat doe je door er zo concreet mogelijke vragen over te stellen. De bedoeling ervan is om de cliënt in de veilige sfeer van het coachingsgesprek in gedachten de uitvoering van de oplossing al te laten uitvoeren.
In level 1 stel je daartoe één openingsvraag. Net als in de vorige stappen gebruik je weer een bruggetje om de vorige stap af te sluiten: 'Je hebt zojuist gezegd wat je het liefst aan je probleem wilt doen en ook dat je deze oplossing haalbaar acht.' Vervolgens vraag je: 'Mag ik je nu vragen:

ga je het doen?' of (deze volwaardige variant): 'Ga je er werk van maken?' Zodra je de cliënt deze vraag voorlegt, wordt het voor hem menens. Hij moet kiezen. Hij realiseert zich dan meteen dat een 'ja' een belofte betekent.
Hij realiseert zich dan ook dat hij tot actie moet overgaan en iets aan zijn situatie moet gaan veranderen. Dat is een enorme uitdaging, want het brein verzet zich in eerste instantie van nature tegen (bijna elke) verandering. Een verandering ervaart het brein namelijk als stress. Vergelijk het met een verbouwing vanwege de aanschaf van een nieuwe keuken of badkamer. Dat is in eerste instantie afzien. Een 'ja' houdt in dat er in je hoofd schakels moeten worden omgezet. Dat kost energie.

Als iemand inderdaad 'ja' zegt, gebeurt er vaak iets magisch. Het ja-woord zorgt dan voor extra energie. Zoals het vooruitzicht van de nieuwe badkamer of keuken energie geeft, zo geeft het perspectief van de nieuwe situatie ook energie. En ook de belofte die hij nu ten opzichte van jou doet, maakt energie vrij. Als hij na een 'ja' later hier geen werk van blijkt te hebben gemaakt, komt hij zijn woorden niet na. De meeste mensen willen het niet zo ver laten komen. Ze willen niet afgaan en ook zichzelf in de spiegel durven aankijken. 'Ik heb nu besloten de stap te zetten iets te gaan doen, nu moet ik het ook doen.' Een ja-woord vergroot daarom de kans aanzienlijk dat de cliënt tot actie overgaat.

Kortom, omdat de vraag 'Ga je het doen?' zoveel energie losmaakt en beslissend is voor de uitvoering, stel je in stap 6 deze als eerste.

Als de cliënt hierop 'ja' zegt, ga je in dit level meteen door naar de evaluatie en sluit je het gesprek af.
Bij een 'nee' zeg je: 'Kennelijk is deze oplossing dan toch te moeilijk. Deze valt bij nader inzien af.' Dan wacht je even, zodat de cliënt de gelegenheid krijgt zijn eigen conclusie tot zich door te laten dringen. Vervolgens vraag je: 'Wat zou je dan het liefst aan je probleem willen doen?' Je gaat dan weer terug naar stap 4.
Soms antwoordt de cliënt niet met een 'ja' en ook niet met een 'nee', maar met 'weet ik nog niet' of 'misschien'. Bij deze antwoorden kun je de cliënt een denkpauze geven. 'Ik stel voor dat je er nog een paar dagen over nadenkt en dat je me dan laat weten of je "misschien" een "ja" of een "nee" is geworden.'
Als er geen vervolggesprek is gepland en het probleem om een snellere oplossing vraagt, kun je ook zo reageren: 'Het klinkt alsof de oplossing toch te hoog gegrepen is. Wat vind je: de oplossing laten vallen of niet?' Afhankelijk van het antwoord ga je terug naar stap 4 of je gaat door naar evaluatie. Bij besluiteloze types kun je zelf de knoop doorhakken en zeggen: 'Deze oplossing is kennelijk te moeilijk en valt dus af. Oké?' En na een knik en een korte pauze: 'Wat zou je dán nu het liefst aan je probleem willen doen?'

Level 1 in de praktijk: een voorbeeld

Op de middelbare school en later op de universiteit begreep ik de uitleg van een leraar of docent vaak pas als hij zijn verhaal verduidelijkte aan de hand van een concreet voorbeeld. Voor het geval het bij jou ook zo is, eindig ik dit hoofdstuk met een praktijkvoorbeeld van level 1 waarbij de coach uitsluitend de beginvragen van elke stap stelt en verder niets.

Stap 1: Het verhaal

Coach: 'Vertel eens.'

Cliënt: 'Ik ben projectleider bij een bedrijf dat inburgeringscursussen verzorgt. Ik doe dit samen met Ruud. Hij is net als ik projectleider. Samen sturen we het personeel aan. Onlangs had ik een aanvaring met Ruud. Hij verweet me dat ik te streng was naar het personeel. Toen ik vroeg wat hij daarmee bedoelde, bleek het om het volgende te gaan. De administratieve klussen – de contracten en de aanwezigheidslijsten – waren voor de zoveelste keer niet gedaan, terwijl deze klussen wel tot de taken van het personeel horen. Ik had een aantal mensen hierop aangesproken, ik geef toe dat ik dit misschien niet op een heel opbouwende manier heb gedaan, maar ik was het dit keer echt zat. Zij krijgen daar ook uren voor. Ruud vindt me dan misschien te streng, ik vind hem juist te meegaand. Hij spreekt personeel nooit ergens op aan en wordt daarom door iedereen aardig gevonden. Omdat ik steeds de boeman moet spelen, sta ik er bij het personeel steeds slechter op.'

Stap 2: Het probleem

Coach: 'Je hebt nu je verhaal verteld. Wat is nu je grootste probleem?'

Cliënt: 'Ik vind het vervelend dat ik ruzie heb gehad met Ruud. We kunnen het altijd zo goed vinden samen. Maar ik vind het vooral vervelend dat we allebei zo anders omgaan met personeel. Doordat hij mensen nooit aanspreekt op hun fouten ben ik altijd de boeman.'

Stap 3: De gevoelens
Coach: 'Hoe is dat nou voor jou?'
Cliënt: 'Rot, heel vervelend!'

Stap 4: De oplossing
Coach: 'Wat zou je zelf het liefst aan dit probleem willen doen?'
Cliënt: 'Ik zou wel willen dat we met elkaar in gesprek gaan en dat we afspraken maken over de communicatie met het personeel. Zodat hij ook wat vaker mensen aanspreekt op hun verantwoordelijkheden en dat het niet altijd op mij neerkomt. En ik zou mensen wat vaker complimenten kunnen geven of af en toe wat laconieker kunnen reageren als er iets niet is gedaan.'

Stap 5: De haalbaarheid
Coach: 'Is deze oplossing haalbaar?'
Cliënt: 'Ja, hoor!'

Stap 6: De uitvoering
Coach: 'Ga je werk maken van je oplossing?'
Cliënt: 'Ja, en zo snel mogelijk, want ik vind het vervelend dat we nu ruzie hebben! Ik denk dat ik hem morgenochtend meteen aanschiet en vraag of hij even tijd heeft om met me te praten. Ik hoop dat we eruit komen!'

Je ziet het: level 1 bestaat slechts uit zes vragen en verder niets.

Samenvatting

In level 1 stel je uitsluitend vragen. Op de antwoorden reageer je nu (nog) niet. De enige uitzondering is een 'nee-antwoord' in de stappen 5 en 6. Om te voorkomen dat je het antwoord gaat sturen, licht je je openingsvraag geen enkele keer toe.

Stap 1: Het verhaal

- Je zegt: 'Vertel eens.'
- Je geeft de cliënt de gelegenheid het verhaal te vertellen. Zo krijg je een goed beeld van zijn probleem. Je luistert zoals je wilt dat anderen naar jou luisteren.
- Je probeert je eigen behoeftes en verlangens opzij te zetten en blanco en onbevooroordeeld naar de cliënt te luisteren.

Stap 2: Het probleem

- Je stelt de superlatiefvraag: 'Wat is nu je grootste probleem?' Of: 'Waar zit je nu het meeste mee?'
- Een superlatiefvraag nodigt uit tot diep nadenken, het ordenen van gedachten en het verkleint de kans op sociaal wenselijke antwoorden.

Stap 3: De gevoelens

- Je vraagt: 'Wat voel je nu bij je probleem?'
- Je stelt de vraag in de tegenwoordige tijd, omdat je wilt weten wat de cliënt nu bij zijn probleem ervaart.

Stap 4: De oplossing

- Je vraagt: 'Wat zou je nu het liefst zelf aan je probleem willen doen?'
- Je stelt ook hier een superlatiefvraag om de cliënt de maximale ruimte te geven om te zeggen wat hij wil en om de kans op een sociaal wenselijk antwoord te verkleinen.

- De vraag bevat nadrukkelijk de woord 'zelf' en 'doen'. De kans op realisatie van een oplossing is het grootst als de cliënt zelf tot actie overgaat.

Stap 5: De haalbaarheid

- Je vraagt: 'Denk je dat dit voor jou haalbaar is?'
- De cliënt antwoordt: 'Ja.' Ga door naar stap 6.
- De cliënt antwoordt: 'Nee.' Je zegt: 'Deze oplossing valt dus af.' Dan pauzeer je even om deze vaststelling te laten landen. Je herhaalt stap 5 en vraagt: 'Wat zou je dan het liefst willen doen?'

Stap 6: De uitvoering

- Je vraagt: 'Ga je werk maken van je oplossing?'
- De cliënt antwoordt: 'Ja.' Je gaat door naar de evaluatie. Een 'ja' vergroot de kans aanmerkelijk dat de cliënt werk gaat maken van zijn oplossing. Hij heeft een belofte gedaan en wil deze nakomen.
- De cliënt antwoordt: 'Nee.' Je zegt: 'Kennelijk is deze oplossing niet haalbaar.' Je pauzeert dan even en gaat terug naar stap 4.
- De cliënt antwoordt: 'Weet ik nog niet.' Je stelt de cliënt voor om een paar dagen na te denken.
- De cliënt antwoordt: 'Misschien.' Je stelt de cliënt voor om een paar dagen na te denken.

5

Level 2 Reageren op de openingsvragen

In het praktijkvoorbeeld waarmee het vorige hoofdstuk eindigde, reageerde de coach niet op de antwoorden die de cliënt gaf. Toch kwam alles op zijn pootjes terecht en kwam de cliënt tot een zelf geformuleerde oplossing die hij ook nog eens zei te gaan uitvoeren. Het loopt echter niet altijd zo soepel. De kans op een bevredigende afloop van het coachingsgesprek is groter als je wel reageert op de antwoorden. Dat leer je in dit hoofdstuk.

Stap 1
Het verhaal

In level 1 leerde je dat je na de openingsvraag ‘Vertel eens’ in eerste instantie actief gaat luisteren. Daartoe kreeg je ook handvatten en tips. Behalve actief luisteren hoefde je in level 1 niets te doen. In level 2 verandert dat. Hoe kun je het verhaal door de ogen van de ander zien? In het vorige level kreeg je hiervoor een belangrijk handvat aangereikt: luisteren. Maar is dat voldoende? Hoe weet de cliënt dat je echt luistert en niet slechts doet alsof? Je kan de cliënt immers aankijken, af en toe bevestigend hummen en ondertussen (in plaats van te luisteren) aan je favoriete hobby denken. En stel dat je wel echt luistert, hoe weet je zeker dat je de cliënt goed begrijpt? Hoe kun je checken dat je met jouw interpretatie van het verhaal op het goede spoor zit?

Spiegelen

Het antwoord op deze twee vragen is hetzelfde: door regelmatig het verhaal van de cliënt te spiegelen. Deze vaardigheid staat in dit level centraal.

★ Er zijn drie manieren waarop je kunt spiegelen: door letterlijk het antwoord of een deel ervan te herhalen, door samen te vatten of door te parafraseren.

De eerste manier houdt in dat je simpelweg nazegt wat de cliënt zei. Vaak is dat de laatste zin (echoën). Iemand vertelt je een heel verhaal over een medewerker waar hij maar geen grip op krijgt. Hij eindigt zijn verhaal met: ‘Het zit me gewoon dwars.’ Je herhaalt dan: ‘En dat zit je gewoon dwars.’

Een effectievere manier van letterlijk herhalen is het selecteren van het belangrijkste woord of een zinnetje uit het verhaal. Bij de tweede manier van spiegelen probeer je de hoofdlijn of kernpunten samen te vatten van wat iemand vertelde. Je gebruikt hierbij zoveel mogelijk de woorden en uitdrukkingen van de cliënt en houdt je verre van een eigen interpretatie. Bij een parafrasering mag je wel interpreteren. Je geeft dan in je eigen woorden kernachtig weer wat de cliënt volgens jou bedoelde te zeggen. Om de verschillen tussen de drie vormen van spiegelen duidelijk te maken, geef ik dadelijk van elk een voorbeeld. Ik doe dat aan de hand van de volgende casus:

'Mijn verhaal is wat ingewikkeld, maar ik zal proberen het zo duidelijk mogelijk te vertellen. Sinds drie jaar heb ik een baan als lerares. Hiervoor moet ik regelmatig ook 's avonds aan de slag, zoals ouderavonden, vergaderingen, enzovoort.
Sinds een jaar heb ik een vriend. Hij woont ruim honderd kilometer van me vandaan, waardoor we elkaar alleen in het weekend zien. Verder heb ik nog vriendinnen die ik wil zien. En we bezoeken onze ouders in het weekend. Vaak gaan we twee keer per maand naar mijn schoonouders, wat toch 45 minuten rijden is. Ook heb ik nog gitaarles en bezoek ik mijn oma twee keer per week. En ik ga vier keer per week bij mijn eigen ouders langs. Ik heb dus geen tijd voor mezelf. Eens lekker in bad gaan of rustig mijn huishouden doen, is er al een hele tijd niet meer bij.'

De drie manieren van spiegelen:

1. **Letterlijke samenvatting**
   'Jij hebt dus geen tijd voor jezelf?'

2. **Samenvatting**
   'Wat je bezighoudt is dat je vanwege je baan, je vriend, je ouders, zijn

ouders, je oma, vriendinnen en gitaarles nauwelijks nog tijd hebt voor jezelf. Vat ik het zo goed samen?'

3. **Parafrasering**
   'Je wilt zeggen dat je overloopt en voelt dat je moeilijke keuzes moet gaan maken?'

In een coachingsgesprek kun je alle drie de vormen van spiegelen gebruiken. Je keuze hangt vooral af van je doel.

Zoals voorgaand voorbeeld duidelijk maakt, is een herhaling geschikt als je wilt dat het gesprek verdergaat met de zin die je herhaalde of als je wilt dat de cliënt dit punt toelicht. In een gesprek moet je er echter voor oppassen dit niet te vaak te doen: de cliënt kan deze vorm van spiegelen dan als passief ervaren.
Daar hoef je minder voor te vrezen als je een belangrijk woord of de kernzin uit het verhaal pikt en dat herhaalt. De tweede vorm van spiegelen, het herhalen van sleutelwoorden of -zinnen, kan het gesprek juist erg verdiepen. Je stimuleert de cliënt ermee te reflecteren over wat volgens jou belangrijk is.
Samenvatten heeft diverse doelen. Een van de belangrijkste is checken of je de boodschap goed hebt begrepen. Indien ja, dan kan de cliënt verdergaan met waar hij was gebleven of een bepaald aspect uit je samenvatting toelichten. Indien nee, dan kan hij je corrigeren.
Bij het parafraseren vraag je de cliënt te reageren op wat volgens jou de kern van het gesprek was of welke onderliggende betekenis jij erin zag. Parafraseren is de meest riskante vorm van samenvatten, zeker als je het niet-uitgesproken gevoel van iemand verwoordt.
Aan de andere kant kan deze vorm van samenvatten juist ook veel diepgang geven aan het gesprek. 'De ander begrijpt me nog beter dan ikzelf.' Ook biedt de parafrasering de beste kansen om te controleren of je de ander goed hebt begrepen.

Wanneer spiegelen?

'Wat is het beste moment om te spiegelen?' 'Hoe vaak moet je spiegelen?' Als ik in trainingen van de MCG stap 1 van level 2 bespreek, zijn dit twee van de meest gestelde vragen.

Omdat spiegelen zoals gezegd diverse functies heeft en de timing hiermee samenhangt, geef ik hen als vuistregel mee dat men in een gesprek van zo'n zeven à tien minuten minimaal drie keer dient te spiegelen.

Daarnaast geef ik als tip om niet te lang te wachten met de eerste samenvatting. Aan het begin valt er immers vaak veel nieuwe informatie te verwerken. Je hoort dan de aanleiding, wie er bij het probleem betrokken zijn, hoe lang het speelt, waarom iemand het nu vertelt, mogelijk ook waarom hij het aan jou vertelt, enzovoort. Het risico om de aansluiting te missen is dan het grootst. Na zo'n twee à drie minuten onderbreek je daarom het verhaal met de vraag of je mag samenvatten. 'Je vertelt een

hoop nieuwe dingen, mag ik even controleren of ik je tot nu toe goed heb begrepen en proberen samen te vatten wat je zei?'
Vanwege de vele nieuwe dingen die je dan hoort, dient de eerste samenvatting eerder te lang dan te kort te zijn. Naarmate het gesprek vordert, volsta je met steeds korter wordende samenvattingen. Geef je steeds lange samenvattingen, dan gaat de ander zich aan je storen. Hij wordt ongeduldig of zal het gevoel krijgen dat je een gesprekstechniek toepast. Beter is het dan om samenvattingen te geven van één zin. In plaats van een samenvatting te maken van een hele zin, kun je ook spiegelen door een of twee sleutelwoorden letterlijk te herhalen: 'Overal mee bemoeien?'

Waarom spiegelen?

Waarom moet je spiegelen? De eerste reden noemde ik al: je controleert of je de ander goed hebt begrepen. Met name geldt dat voor samenvatten en parafraseren. Heel veel misverstanden ontstaan immers doordat twee partijen er ten onrechte van uitgaan dat ze op dezelfde golflengte zitten. Of zoals de Oostenrijkse schrijver Alexander Roda Roda het zo treffend zei: 'De ene helft van de mensheid drukt zich onduidelijk uit en de andere helft begrijpt dat dan verkeerd. En daar komt alle narigheid van.' (Geciteerd in: Carmiggelt, 1949)
Stel dat iemand na een zakelijk overleg van ruim een uur tegen zijn gesprekspartner zegt: 'Zullen we gaan lunchen?' Wat zou deze zin dan kunnen betekenen?
Mogelijke betekenissen:

- Ik heb nog geen eetlust, jij wel?
- Ik kan me vanwege de trek niet goed meer concentreren, en jij?
- Dit gesprek put me uit, vind je het goed dat we ermee stoppen?
- We komen er samen toch niet uit. Laten we maar gaan eten.
- We komen er nu niet uit, maar mogelijk wel onder het eten.

- Laten we dit vruchtbare gesprek gaan vieren door samen te gaan lunchen.
- We hebben allebei een hekel aan dit soort overleg. Laten we er maar mee stoppen.

★ In elk (coachings)gesprek dreigt continu het gevaar dat je er ten onrechte van uitgaat dat je begrijpt wat de ander bedoelt. Als luisteraar pik je van de mogelijke betekenissen er meestal maar één uit en denk je gauw dat jouw interpretatie ook die van de ander is.

Geen wonder dat we ons vaak niet begrepen voelen en dat miscommunicatie eerder regel is dan uitzondering.
Een veelvoorkomende misvatting is dat samenvatten of parafraseren niet nodig is. 'Omdat ik toch wel snap wat de ander bedoelt.' Zoals in het vorige hoofdstuk te lezen viel, kleuren en verkleuren wij echter allemaal heel snel wat we horen. We nemen informatie waar vanuit ons eigen perspectief. We leggen bijvoorbeeld accenten waar de ander die niet legt of we beschouwen iets als een onbelangrijk detail wat voor de ander juist wezenlijk is. Een treffende illustratie hiervan is het resultaat van een onderzoek (onder 2000 werknemers en 330 H&R-professionals) dat in onderstaand kader is samengevat.

★ ***Gesprek met baas niet begrepen***

Als de leidinggevende denkt dat hij zijn medewerkers goed duidelijk kan maken hoe ze hun functioneren kunnen verbeteren, tijdens het functioneringsgesprek, heeft hij het mis. Werkgevers en werknemers blijken tot totaal verschillende conclusies te komen na hetzelfde gesprek. Dit blijkt uit onderzoek van salary.com.
Bron: Algemeen Dagblad (2007)

Bedrijven kunnen dus veel geld besparen door hun leidinggevenden te leren spiegelen.

Spiegelen heeft ook een structurerende functie. Het gesprek krijgt kop en staart, richting en een doel doordat hoofd- en bijzaken worden gescheiden.

★ Een goede samenvatting, parafrasering of de juiste timing van het herhalen van een sleutelwoord of -kernzin, zorgt ervoor dat de ander zijn eigen verhaal beter begrijpt.

Hij komt daardoor dichter bij zijn onderliggende probleem.
Bovendien ontstaat er ook wat rust in het hoofd van de cliënt. Als je ooit voor een volle zaal een toespraak hebt gehouden en hebt meegemaakt dat je enige tijd aan het woord was, zonder dat er een merkbare reactie kwam, herken je misschien gedachten als: komt mijn verhaal wel goed over? Of: boeit mijn verhaal wel? Je bent dan opgelucht als het publiek lacht, applaudisseert of er vanuit de zaal een vraag komt. In een tweegesprek heeft een samenvatting hetzelfde effect. 'De ander luistert dus echt! Mijn verhaal landt!'

★ Een samenvatting bevestigt dus het verhaal van de cliënt. Daarmee bevestigt het ook degene die het verhaal vertelt.

Het geeft de cliënt ook het vertrouwen meer van zichzelf te laten zien.
Een samenvatting/parafrasering biedt je tevens de mogelijkheid de cliënt te attenderen op wat hij goed deed. Zeker als de cliënt twijfelde aan zijn eigen handelen, kan dit voor hem een opsteker zijn.
Ten slotte bevordert een samenvatting/parafrasering zowel een soepele terugkeer naar het hoofdthema als een soepele overgang naar een nieuw thema. Tijdens een gesprek kan het gebeuren dat iemand afdwaalt naar een thema dat maar zijdelings met het probleem te maken heeft. Een samenvatting/parafrasering kan dan helpen de cliënt weer op het hoofdspoor terug te brengen, zonder dat hij zich daarbij terechtgewezen voelt. Als een bepaald aspect van het probleem uitputtend is besproken, kan een samenvatting de afsluiting hiervan vormen en het opstapje zijn om een

nieuw aspect van het probleem aan te kaarten. Via een samenvatting kun je ook een stap in het coachingsgesprek afsluiten en een nieuwe stap introduceren. In het vorige level maakte je daar al kennis mee. De openingsvraag werd immers zo ingeluid: 'Je hebt nu een deel van je verhaal verteld, wat is nu je grootste probleem?'
Spiegelen heeft nog meer functies. Maar omdat spiegelen in de volgende stappen nog vaker voorkomt, bewaar ik die voor later.

Functies spiegelen: samenvatten/parafraseren

1. Controleren of je de ander begrepen hebt.
2. Laten blijken dat je luistert en de ander het gevoel geven dat je hem serieus neemt.
3. Het helpt de cliënt om zijn verhaal te structuren en hoofd- en bijzaken te scheiden.
4. Het brengt rust in het verhaal.
5. Het bevestigt het verhaal van de cliënt.
6. Het stelt je in staat om de cliënt te attenderen op wat hij goed deed.
7. Het bevordert zowel een soepele terugkeer naar het hoofdthema als een soepele overgang naar een nieuw thema.

In de jaren tachtig zond de Nederlandse televisie een aantal opnames van psychotherapiesessies van gerenommeerde therapeuten uit. Ik heb er als beginnend psycholoog gefascineerd naar gekeken en er veel van opgestoken.
Over één ding verbaasde ik me echter enorm. De therapeuten stelden hun patiënten veel (ter zake doende) vragen, maar zelden vatten ze de antwoorden samen. Doordat ze bijna niet spiegelden, leken de therapiesessies soms wel kruisverhoren. De therapeuten zijn tijdens hun opleiding ongetwijfeld gewezen op het belang van spiegelen, maar toch deden ze het niet.

De moraal: wil spiegelen een tweede natuur van je worden, dan moet je heel veel oefenen en praktiseren.

Begin er daarom vandaag nog mee. Neem je de komende weken voor om bij elk gesprek dat je voert niet meteen te gaan argumenteren, je eigen verhaal te vertellen of de cliënt met vragen te onderbreken, maar spiegel eerst. Doe het met een samenvatting, een parafrasering of door het herhalen van een sleutelwoord. Je zult zien dat de ander (je partner, je kinderen, vrienden, collega's, klanten, enzovoorts) het verhaal weer oppakt waar hij is gebleven.

Stap 2
Het probleem

Stap 2 open je, zoals je in level 1 leerde, met de vraag 'Wat is nu je grootste probleem?' In level 1 hoefde je niet te reageren op het antwoord. Nu ga je dat wel doen.
De bedoeling van stap 2 is dat je tot een bondige probleemomschrijving komt. Het gaat daarbij niet om jouw probleemomschrijving, maar om die van de cliënt. Om tot deze bondige definitie te komen, stelde je de superlatiefvraag. Maar zoals je in het vorige level kon lezen, ben je er dan vaak nog niet. Simpelweg omdat de cliënt op je superlatiefvraag doorgaans geen kort en bondig antwoord geeft, maar vaak reageert met een wat warrig verhaal. De reden is dat hij nu vaak hardop gaat nadenken en zijn antwoord is daarom vaak associatief.

Wat er zich in zijn denkende hoofd afspeelt, is briljant opgetekend in de roman Ulysses (2004) van James Joyce. Het meesterwerk van deze Ierse schrijver laat zien dat we niet denken in ordelijke zinnen, maar dat ons denken een gelaagde brij is van associaties die voortdurend door ons hoofd schieten. Een mooi voorbeeld van 'het-brein-in-actie' is de volgende 'gedachtestroom' van Molly, een van de hoofdpersonen uit Ulysses, waarin de schrijver bewust de leestekens heeft weggelaten:

Waarom kan je niet een man kussen zonder eerst met hem te trouwen soms smacht je ernaar als je dat lekkere gevoel krijgt door je hele lijf kun je je niet meer inhouden ik wou dat er een man was die me een keer nam...

Met dit fragment wil ik niet suggereren dat een cliënt na de superlatiefvraag zo gaat praten. Ik wil ermee zeggen dat hij een antwoord geeft dat een grove simplificatie is van wat er zich in zijn geest afspeelt. Op zijn best zijn het al redelijk geordende zinnen, vaak echter zijn het zinnen die niet zijn afgemaakt, omdat ze onderbroken of gecorrigeerd werden door andere gedachten. Wat ik er ook mee wil zeggen is dat de simplificatie vaak gebrekkig weergeeft wat de cliënt eigenlijk bedoelt te zeggen. Dit komt omdat hij niet anders kan doen dan zijn gedachten – die veel sneller gaan dan hij kan uitspreken – filteren en vereenvoudigen.
Stel: Molly spreekt haar gedachten hardop uit tegen haar beste vriendin. Die vriendin vraagt door naar wat ze precies bedoelt. Dan kan de vriendin, wellicht, parafraserend vragen:

'Je vindt je echtgenoot een beste man, daar niet van, maar je mist in je relatie de vroegere spanning en opwinding. Je fantaseert nu soms over vreemdgaan en hete seks. Is dit wat je wilt zeggen?'

Wat ik met dit voorbeeld vooral wil duidelijk maken is dat je als coach de cliënt soms moet helpen om te verwoorden wat hij echt bedoelt. Dat geldt bij uitstek voor het verwoorden van het probleem. Het lukt de cliënt in eerste instantie vaak niet om precies te zeggen waar hij mee zit.

Door nu, zo kort en bondig mogelijk, de essentie van het antwoord op de superlatiefvraag weer te geven, help je hem duidelijk te krijgen wat zijn probleem is.

Dit bondig samenvatten is waar het in dit level om gaat.
Als de cliënt zijn ruwe gedachten in verkorte vorm terughoort, begrijpt hij zijn eigen probleem beter. Alhoewel een correcte probleemomschrijving

geen nieuw materiaal bevat, kan deze voor hem wel nieuw klinken. Dat heeft voor een belangrijk deel te maken met de bondigheid van de omschrijving: voor het eerst ziet hij zijn eigen probleem helder voor ogen. De bondige omschrijving biedt hem de gelegenheid om over zijn probleem te reflecteren en het zo nodig nog te herformuleren.

★ Vaak ontdekt hij zo achter het verwoorde probleem het achterliggende probleem.

Hoe lang moet de samenvatting zijn?

Bij stap 2 gaat het om het formuleren van een korte probleemdefinitie. Maar hoe kort moet die omschrijving zijn? Voor het antwoord op deze vraag citeer ik de schrijfster Anna Enquist (2006):

'De mooiste wet formuleerde Gerard Reve: "Iets is waar als je het in tien woorden of minder kunt samenvatten". Ter illustratie refereerde hij aan toespraken van Fidel Castrol en Brezjnev, die wel vier tot zes uur duren.
Of de stelling waar is doet er niet toe, het gaat erom dat een ingewikkelde zaak kan worden samengevat en zodoende het denken richting kan geven en doel geeft. Als je iets niet bondig kan uitleggen, heb je er niets aan. Al jaren hanteer ik de wet van de tien woorden voor eigen gebruik in de psychotherapeutische praktijk, niet om mijn gesprekspartner waarheden naar het hoofd te slingeren, maar om gaande het gesprek mijn eigen gedachten te ordenen. 'Waar dwang is, is verzet', denk ik als iemand vertelt hoe fijn het is dat zijn vrouw alle beslissingen over de vakantiebestemming neemt. 'Elke klacht is een aanklacht', gaat door me heen bij het aanhoren van ongericht gezeur, en hoe verdrietig iemand ook is, ergens in mijn hoofd tolt het zinnetje 'geen verdriet zonder woede' rond. Voor de goede orde: deze drie uitspraken zijn niet van Reve. Ik gebruik ze voor mijn eigen bezigheden.'

Ik ben het met Enquist en Reve eens: hoe korter de definitie is, hoe beter. Gerard Reve suggereert dat het hooguit tien woorden mogen zijn. Mijn ervaring is dat dit aantal voor een bondige probleemomschrijving in het kader van de MCG te krap is. Meestal zal het wel lukken in circa 25 woorden.

Probeer in ieder geval niet boven de 40 woorden uit te komen.

Gebruik zoveel mogelijk de woorden van de cliënt

In de vorige stap heb ik het verschil uitgelegd tussen parafraseren en samenvatten.

Bij een bondige probleemomschrijving raad ik je aan om niet te parafraseren, maar samen te vatten, dus zoveel mogelijk de woorden en uitdrukkingen van de cliënt te gebruiken.

Doe je dat niet, dan is de kans groot dat de cliënt zich niet in je formulering herkent. Als de cliënt bijvoorbeeld het woord ‘opgefokt’ gebruikt en jij dit vervangt door ‘gestrest’ (of omgekeerd), kan de cliënt je omschrijving om die reden in zijn geheel verwerpen, zelfs als deze voor het overige gedeelte klopte. Een andere mogelijkheid is dat de cliënt over dit woord valt en er met jou over in discussie gaat en je het doel van deze stap uit het oog verliest. De taal en woordkeus zijn het primaire medium waarmee iemand zijn eigen perspectief uitdrukt. Vooral bij de probleemomschrijving luistert elk woord daarom heel nauw.

Noteer

Omdat het antwoord op de superlatiefvraag vaak warrig is, is het moeilijk om dit meteen in het geheugen op te slaan.

Het is daarom raadzaam het antwoord op de superlatiefvraag zo letterlijk mogelijk op te schrijven.

(Vraag van tevoren om toestemming aan je cliënt of kondig aan dat je het gesprek notuleert.)
De menselijke geest is visueel ingesteld. We onthouden veel gemakkelijker wat we zien dan wat we horen. Om die reden is het goed om de cliënt ook de probleemomschrijving – zoals je die hebt opgeschreven – te laten zien. Doe deze tekst daarna niet weg, maar laat hem voor je liggen, bij voorkeur zo dat de cliënt deze ook kan lezen.
Gedurende de volgende vier stappen heb je de probleemomschrijving steeds nodig. Als je de tekst niet bij de hand houdt, is de kans groot dat je hem snel weer vergeet of de formulering verandert. De probleemomschrijving vormt het fundament van je gesprek, je kunt niet zonder. Probeer je het toch? Dan verzandt je gesprek. Eén ander woordje in de probleemomschrijving kan de richting van het gesprek al ingrijpend veranderen.
Een voorbeeld. Stel dat je tot deze probleemomschrijving bent gekomen: 'Als ik je goed begrijp, wil je het dominante gedrag van je collega dat zich uit in je corrigeren en controleren voortaan langs je heen laten gaan, maar je weet niet hoe dit te doen?' Stel je voor dat je deze probleemomschrijving niet hebt opgeschreven en je deze in de loop van het gesprek als volgt herinnert: 'Als ik je goed begrijp, wil je het dominante gedrag van je collega dat zich uit in je corrigeren en controleren aanpakken, maar weet je niet hoe dit te doen?' Het zal duidelijk zijn dat de oplossing die vanuit de tweede omschrijving volgt een andere zal zijn dan degene die uit de eerste omschrijving volgt.

Hoe ga je verder na de probleemomschrijving?

Als de cliënt met je probleemomschrijving akkoord gaat, sluit je stap 2 af en ga je naar de volgende stap. Als de cliënt vindt dat je omschrijving niet klopt, zal hij je corrigeren. 'Nee, het klopt niet helemaal. Ik bedoelde ...'
Je doet in dit level geen nieuwe poging tot een samenvatting, maar gaat verder met de door de cliënt gecorrigeerde definitie. Ook als deze aan de lange kant is.
Is het mogelijk dat de cliënt je samenvatting als correct beoordeelt, maar desondanks zegt er niet tevreden mee te zijn? Ja, dat kan gebeuren als hij ontdekt heeft dat bij nader inzien het probleem toch wat anders is dan hij eerst dacht. Dankzij jouw correcte omschrijving corrigeert je cliënt dan zichzelf. Hij zal dat in de regel niet doen door jouw probleemomschrijving te vervangen door een korte en correcte andere probleemomschrijving, maar door – wederom hardop denkend – te vertellen wat volgens hem het échte probleem is. In dit level geef je ook hier dan geen nieuwe samenvatting, maar ga je meteen door naar stap 3.
Hier een voorbeeld van een cliënt die zich na de bondige formulering corrigeert, nadat de coach het probleem goed heeft samengevat. De cliënt is een moeder van 54 jaar die klaagt over haar 28-jarige zoon:

Coach: 'Mag ik nu even samenvatten wat u antwoordde op mijn vraag waar u het meest mee zit? Als ik u goed begrijp, heeft u er moeite mee dat uw zoon u alleen belt of langskomt wanneer hij iets nodig heeft, zoals geld, uw auto of uw hulp met het schilderen van een muur.'
Cliënt: 'Ja, zo heb ik het wel gezegd, maar dat bedoel ik toch niet. Voor mij mag hij om al die dingen bellen of langskomen. Geen probleem. Ik help hem graag. Daar ben ik zijn moeder voor. Nee, waar ik eigenlijk het meest mee zit: ik zou graag veel liever méér contact met hem hebben. Hij is mijn enige zoon. Mijn man is al vijf jaar dood en er is niemand van wie ik meer houd dan van mijn zoon. Ik wou dat hij dat omgekeerd ook liet blijken.'

Stap 2 klinkt heel eenvoudig. Als je ermee aan de slag gaat, zul je ontdekken dat schijn bedriegt.

★ De waarheid is dat van de zes stappen deze – met afstand – de moeilijkste is.

Stap 3
De gevoelens

In level 1 stelde je de openingsvraag: ‘Wat voel je bij je probleem?’ Je hoefde hier niet op te reageren. In level 2 moet je wel reageren.
Je vervolgt in level 2 deze stap door de vorige zo af te sluiten: ‘Goed, dat is dus je probleem.’ En dan stel je dezelfde openingsvraag als je in level 1 stelde: ‘Wat voel je nu bij je probleem?’
Daarna zijn allerlei scripts mogelijk. Een ervan is dat de cliënt de vraag ontwijkt en een verstandelijk antwoord geeft, zoals: ‘Ik heb mijn best gedaan, meer kan ik niet doen.’ Een andere mogelijke reactie is dat de cliënt inderdaad één of meerdere gevoelens benoemt. Tussen deze twee extremen zijn nog allerlei varianten mogelijk, zoals wel een gevoel suggereren, maar het niet benoemen.
Dit level beperkt zich tot het meest eenvoudige script: de cliënt uit één of meerdere gevoelens en geeft er ook woorden aan. ‘Ik voel me erg teleurgesteld, wat zeg ik: ik ben boos! Dit kán toch gewoon niet! Heeft hij dan helemaal geen respect?!’

Hoe te reageren?

Hoe moet je nu reageren? En ook: hoe moet je nu niet reageren? Het antwoord op deze twee vragen leid ik in met een casus.

Een leidinggevende vertelt dat hij na terugkomst van zijn vakantie ontdekte dat zijn medewerkers hem plots vijandig gezind waren. Gevraagd naar zijn grootste probleem zei hij: 'Volgens mij zijn mijn medewerkers tegen me aan het samenspannen.' Gevraagd naar zijn gevoel antwoordde hij: 'Boos natuurlijk en onzeker. Ja, ook bang hoe dit zal aflopen. Misschien kost het me wel de kop.' Na een diepe zucht vervolgde hij met: 'Een collega is zoiets ook ooit overkomen en die heeft het toen niet gered.'

Stel dat jij het coachingsgesprek met deze leidinggevende voert, zou je dan weten hoe nu te reageren? Hier volgen enkele mogelijke reacties. Welke kies jij?

A. 'Heb je een idee of er ook medewerkers in je team zitten die, als het erop aankomt, je niet zullen laten vallen?'
B. 'Heb je er al met je leidinggevende over gesproken?'
C. 'Kun je zeggen waar deze boosheid en angst vandaan komen?'
D. 'Ik begrijp hoe je je voelt.'
E. 'Heb je ook nog andere gevoelens?'
F. Ik kies voor een andere reactie, namelijk ...

Hopelijk koos jij voor optie F. De eerste drie reacties zijn inadequaat, omdat ze niet ingaan op het gevoel, maar een beroep doen op het verstand. Optie D is in feite ook een verstandelijke reactie; ze bevat het woord 'begrijp'. Daar komt bij dat de cliënt je bijna nooit zal geloven als je zegt hem te begrijpen. Optie E slaat de plank mis, omdat er naar andere gevoelens gevraagd wordt zonder de (al) genoemde gevoelens eerst te bevestigen. Daar komt het nu juist op aan.
Hoe dit laatste te doen, dus hoe gevoelens te erkennen of te bevestigen?

Van de diverse manieren om dit te doen, is in dit level gekozen voor de meest eenvoudige en waarschijnlijk ook meest krachtige: de geuite gevoelens spiegelen door deze letterlijk te herhalen.

De emoties van de cliënt aanhoren is immers niet genoeg: de cliënt wil een bevestiging horen dat je de gevoelens gehoord hebt. Tevens wil hij dat je zijn gevoelens accepteert. Het letterlijk herhalen voldoet aan beide functies. Dus: 'Boos, onzeker en bang.'
Net als bij het spiegelen in het vorige level, ga je op het eind iets in je toon omhoog, zodat het klinkt als een vraag. Zo geef je de cliënt de gelegenheid om nog andere gevoelens te verwoorden. Gevoelens zijn meestal vermengd met andere gevoelens. Iemand die boos is, zal bijvoorbeeld ook vaak teleurgesteld zijn. Een vragende intonatie geeft de cliënt tevens de gelegenheid om zijn gevoelens verder toe te lichten. ('Ja, ik slaap er slecht door.') En hoe voorzichtiger je met de gevoelens van de cliënt omgaat, des te meer deze bereid is zich bloot te geven.
Ik benadruk dat het spiegelen van een gevoel moet klinken als een vraag die zo schuchter klinkt dat de cliënt hem desgewenst ook kan negeren. Het mag niet klinken als een vraag waarin verwondering of verbazing doorklinkt, omdat de cliënt dan de indruk kan krijgen dat zijn gevoel niet gepast is. 'Angstig?!' Je reactie kan dan overkomen als: 'Ik begrijp niet dat je je daar zo druk over maakt.' De cliënt zal zich niet begrepen voelen en zich daarna waarschijnlijk gereserveerder opstellen.
De gevoelsreflectie van zojuist bestond slechts uit een herhaling van de drie geuite gevoelens: 'Boos, onzeker en angstig.' Moet de reactie niet langer zijn? Zoals: 'Boos, onzeker en ook angstig, omdat zoiets een collega ooit de kop heeft gekost?'
De bedoeling van een gevoelsreflectie is dat de gevoelens alle aandacht krijgen. De cliënt moet weten dat je zijn gevoelens hebt gehoord. Bij hem mag daar geen twijfel over bestaan. Bij een lange zin bestaat ook de mogelijkheid dat de cliënt aan de gevoelsreflectie voorbijgaat en meteen overstapt op inhoud of ratio. 'Eerlijk gezegd was het niet een collega van

me. Hij werkte op een andere afdeling en andere locatie. Ik kende hem, omdat ik ooit met hem in een projectgroep zat.' Je ziet het: de gevoelens worden door een dergelijke toelichting meteen ondergesneeuwd. Terwijl het juist de bedoeling is dat ze – al is het maar kort – in het middelpunt staan.

Na je gevoelsreflectie zeg je verder niets. Je hebt deze als een vraag laten klinken en wacht dan maximaal vijf seconden. Als de cliënt verder niet reageert, ga je door naar de volgende stap.

Het komt zelden of nooit voor dat de cliënt niet reageert. Op zijn minst zal hij bevestigend knikken. Veel vaker zal hij reageren met een bevestiging gevolgd door een toelichting: 'Ja, tegen een heel team kun je als leidinggevende niet op. Het smerige vind ik dat ze dit doen tijdens mijn vakantie, dus achter mijn rug om!' Een andere mogelijkheid is dat de cliënt zijn gevoelens nuanceert of bijstelt: 'Boosheid is nog zwak uitgedrukt. Ik ben razend! Ik heb me altijd honderd procent voor mijn team ingezet en nu dit!' Op beide reacties, toelichting of nuancering, reageer je niet, behalve dan met een bevestigend knikje. Je stelt ook geen verdere vragen, maar gaat door naar de volgende stap.
Op dezelfde manier reageer je ook als de cliënt na de gevoelsvraag geen gevoelens benoemt, dit slechts in bedekte termen doet of antwoordt met: 'Ik weet het niet.' In al deze gevallen neem je hier genoegen mee. In de hogere levels doe je dat niet meer en leer je hoe op een elegante manier zodanig te reageren dat de cliënt dan (alsnog) gevoelens uit.
Als de cliënt op je gevoelsvraag wel meteen gevoelens uit, duurt stap 3 in de meeste gevallen nog geen halve minuut. Je stelt de gevoelsvraag, de cliënt antwoordt met een gevoel, je herhaalt het gevoel en de cliënt knikt nog eens of geeft een korte toelichting op zijn gevoel/gevoelens. Nauwelijks twintig seconden zijn verstreken. Je weet nu wat de cliënt voelt bij zijn probleem. Hij weet nu ook dat jij weet wat zijn probleem is en dat je zijn gevoelens oké vindt. Je kunt verder.

Waarom reageren op gevoelsuiting?

Eerder benoemde ik enkele functies van spiegelen. De overige functies bewaarde ik voor later, omdat ze vaker in de andere stappen voorkomen. Het is nu het moment deze belofte in te lossen. Ik doe dat hier omdat deze functies bij uitstek, maar niet uitsluitend, betrekking hebben op het spiegelen van gevoelens.

★ Door gevoelens te spiegelen voelt de cliënt zich begrepen. Zijn hart zal zich dan (nog meer) voor je openen. Bijvoorbeeld door gevoelens te uiten waarvoor hij zich aanvankelijk schaamde.

Het reflecteren van gevoelens helpt de cliënt om zich nog meer bewust te worden van zijn gevoelens en zo ook om beter te bepalen in welke richting hij de oplossing moet zoeken. Gevoelens zijn, zoals eerder gezegd, actie-tendensen, neigingen om te gaan handelen. Wanneer gevoelens worden geuit en vervolgens worden erkend, worden ze ook minder hevig en zitten ze de ratio en het vinden van oplossingen minder in de weg. Eenmaal geuit willen gevoelens immers vóór alles opgemerkt worden. Zodra dit is gebeurd, zijn ze doorgaans ook meteen 'tevredengesteld' en 'gekalmeerd'.

Samenvatting: Waarom gevoelens spiegelen?

- De cliënt voelt zich begrepen.
- Het nodigt de cliënt uit nog meer over zijn gevoelens te vertellen.
- Het helpt de cliënt zich (nog meer) van zijn gevoelens bewust te worden.
- Geuite en vervolgens erkende gevoelens zitten de ratio minder in de weg.

Vaak komt de erkenning van gevoelens niet. Zelfs professionele hulpverleners laten hier vaak steekjes vallen. Ze durven vaak niet op gevoelens te reageren. Hoe komt dit? Ik vermoed dat er meerdere redenen in het spel zijn.

De eerste reden is dat het ons nooit goed is geleerd. Bijvoorbeeld omdat er in opleidingen onvoldoende aandacht voor was. Als ik voor mezelf mag spreken: tijdens mijn academische opleiding heb ik nooit geleerd hoe op gevoelens te reageren. Dat leerde ik pas tijdens mijn postacademische opleiding tot klinisch psycholoog.
Een andere reden is dat we bij het aansnijden van gevoelens heel dicht bij de ander komen. Zo dichtbij dat we bij wijze van spreken de ander aanraken. Omdat we ons hierbij niet altijd op ons gemak voelen, zetten we een stap terug.
Een derde reden is dat we ons niet willen laten aansteken door onprettige emoties van anderen. Ik benoemde dit eerder ook al als reden waarom we graag adviezen geven. Daarom doen we ons best onplezierige emoties als verdriet, angst of wanhoop te verzachten.
Een voorbeeld. Een oudere patiënt wordt tijdens zijn badbeurt geholpen door de wijkverpleegkundige. Hij wordt emotioneel, omdat hij vanwege zijn Parkinson zijn vrouw nergens meer mee kan helpen. De wijkverpleegkundige reageert verzachtend: 'Maar u heeft toch nog mooie momenten samen? U zegt dat u er elke dag nog samen op uit gaat!'
Een vierde reden is dat we bang zijn heel wat los te maken als we op de pijnlijke gevoelens ingaan. 'En hoe moet ik reageren als de ander dan echt emotioneel wordt en zelfs begint te huilen?'
Een laatste, nauw met de vorige verwante, reden is dat we bang zijn het juist erger te maken. 'Dan doe ik de ander nog meer pijn dan hij nu al heeft. Laat ik daarom maar doen alsof ik niets gehoord heb.'

★ De waarheid is dat het inderdaad pijn doet als je het gevoel van de ander bevestigt. De pijn duurt echter maar heel kort, hooguit een seconde. Waarom? Omdat de ander zich begrepen en geaccepteerd voelt.

Net zoals je een morfine-injectie krijgt waarbij de naald door de huid eerst pijn doet (de waarheid). Maar meteen daarna maakt de pijn plaats voor opluchting of een gevoel van verlichting (zodra de pijnstiller werkt).

Stap 4
De oplossing

In het vorige level stond de openingsvraag van deze stap centraal. In dit level leer je hoe te reageren op het antwoord.
Deze stap kan op twee manieren beginnen. Als je in stap 2 het probleem naar de mening van de cliënt goed hebt samengevat, herhaal je deze weer. Dat doe je omdat door de aandacht voor gevoelens het probleem mogelijk weer op de achtergrond is verdwenen. Na de herhaling van de bondige probleemomschrijving stel je de vraag: 'Wat zou je nu zelf het liefst aan je probleem willen doen?' Als je in stap 2 het probleem niet goed samenvatte en de cliënt je corrigeerde of als je samenvatting wel goed was, maar de cliënt corrigeerde zichzelf, dan open je deze stap door naar die correctie te verwijzen. Je stelt ook dan de vraag: 'Wat zou je nu zelf het liefst aan je probleem willen doen?'
Je treft het als de cliënt meteen kan zeggen wat hij wil en hij erin slaagt te antwoorden met een korte en duidelijk geformuleerde oplossing. Je bent dan meteen waar je moet zijn en kunt meteen door naar de volgende stap. Meestal gaat het echter anders. Soms heeft de cliënt weliswaar een idee over zijn oplossing, maar is zijn idee nog niet helder omlijnd. Hij moet over deze vraag nu hardop gaan nadenken. In beide gevallen zal het hem meestal niet meteen lukken om de oplossing bondig en duidelijk te verwoorden, maar komt hij niet verder dan een wat chaotisch geformuleerde oplossing. Wat is dan jouw taak? Net als in stap 2 (korte probleemomschrijving) komt het er voor jou nu op aan om het antwoord kort en bondig samen te vatten.

Zodra je de cliënt gevraagd hebt naar zijn favoriete oplossing, concentreer je je daarom helemaal op één ding: het antwoord in een zin van hooguit 30 woorden samenvatten.

Het helpt hierbij als je (net als bij stap 2) het antwoord dat je cliënt op de superlatiefvraag geeft zo letterlijk mogelijk of anders in trefwoorden opschrijft.
Als je het genoteerde antwoord voor je ziet, kun je er gemakkelijker een korte samenvatting van geven. De redenen om de cliënt te helpen bij het bondig formuleren van zijn oplossing zijn dezelfde als bij stap 2. Nu de cliënt zijn oplossing bondig geformuleerd terughoort, weet hij beter wat hij wil. Het kan zelfs zo zijn dat hij nu pas voor het eerst weet wat hij wil. Soms komt het ook hier tot een verdieping en herformuleert hij zijn oplossing of stelt hij deze bij. Zoals in het volgende voorbeeld.

Een werknemer bij een verzekeringsmaatschappij vertelt dat hij binnenkort een nieuwe (vrouwelijke) collega krijgt. Zijn baas heeft hem verteld dat hij met haar een verdeling moet maken tussen de werkgebieden oost en west. Omdat hij in het oosten woont, wil hij het liefst daar werken. Dat scheelt hem veel reistijd. Hij weet echter dat zijn nieuwe collega ook in het oosten woont en daarom ook een grote voorkeur heeft voor dit werkgebied. Hoe dit probleem op te lossen?
Als de coach hem vraagt wat hij het liefst zelf aan zijn probleem wil doen, zegt hij (letterlijk): 'Ja, daar gaat het hem juist om. Hoe dit varkentje te wassen? Laat me even denken… Het liefst wil ik met haar een gesprek aangaan waarin ik haar duidelijk maak dat ik in oost wil werken. En ik wil haar laten weten dat ik snap dat zij dat ook wil, omdat zij – net als ik – ook niet graag 's avonds laat wil thuiskomen. Maar ja, er moet gekozen worden en ik hoop dat ik haar duidelijk kan maken, en dat ik me erop mag beroepen, dat ik de oudste rechten heb.'
De coach spiegelt aldus: 'Als ik je goed begrijp, wil je in een gesprek haar duidelijk maken dat jij de oudste rechten hebt om voor regio oost te kiezen?'
Werknemer: 'Ja, dat klopt, maar ik wil ook dat mijn collega prettig binnenkomt. We moeten toch heel nauw samenwerken. Misschien zie ik haar de komende jaren nog méér dan mijn eigen vrouw. Moet je

nagaan. Als ik zo start, gaat het misschien al meteen mis. Weet je wat? Ik kan haar ook voorstellen dat we het eerste jaar beide regio's samen doen en dat zij daarna west doet en ik oost. Dat lijkt me tactischer. Een dergelijk gesprek zie ik mezelf wel voeren. Dat eerste jaar overleef ik op die manier wel. Ik denk dat ze mijn gebaar wel zal waarderen. Want dat gebaar hóéf ik niet te maken.'

In het laatste geval doe je in dit level geen tweede poging tot een samenvatting. Na je eerste samenvatting ga je door naar de volgende stap. Je vertrouwt erop dat de cliënt met zijn zelf geformuleerde, bijgestelde oplossing verder kan.

Stap 5
De haalbaarheid

In level 1 stelde je de beginvraag van stap 4. Bij een positief antwoord kon je meteen naar stap 5. Bij een negatief antwoord gaf je als reactie: 'Dan valt deze oplossing af en moeten we deze dus doorstrepen.' Vervolgens vroeg je: 'Wat zou je dán het liefst zelf willen doen?' Bij een 'nee' op de openingsvraag keerde je dus terug naar stap 4. Anders dan bij de andere stappen leerde je zo in level 1 ook te reageren op het antwoord dat de cliënt gaf op de openingsvraag. Bij een ontkennend antwoord op de vraag 'Is deze oplossing haalbaar?' zou het gesprek anders stokken. Want hoe zonder haalbare oplossing verder te gaan?
Omdat in het vorige level dus 'noodgedwongen' al uit de doeken is gedaan hoe te reageren op de openingsvraag komt er in level 2 geen nieuwe informatie of theorie bij. Nu doe je dus hetzelfde als in level 1.

In dit level beperk ik me tot dit kleine leerpunt: laat de openingsvraag van stap 5 achterwege als de cliënt in de vorige stap na jouw bondige samenvatting spontaan al een uitspraak heeft gedaan over de haalbaarheid van de oplossing. In het voorbeeld van zojuist was het volgende zinnetje daarvan een illustratie: 'Zo'n gesprek zie ik mezelf wel voeren.' Hooguit herhaal je een dergelijke zin waarbij je aan het einde met je stem de hoogte in gaat zodat het een vraag wordt: 'Je ziet jezelf dit gesprek wel voeren?'

Stap 6
De uitvoering

De cliënt heeft aangegeven dat de oplossing haalbaar is. Nu sta je stil bij de uitvoering. In het vorige level stelde je de openingsvraag: 'Goed, volgens jou is de oplossing haalbaar. Ga je er werk van maken?' Bij een 'nee' of een heel aarzelend 'ja' ging je twee stappen terug en vroeg je de cliënt naar een andere oplossing. Bij een 'ja' ging je door.

Herken je de volgende opvoedingskwestie? Je ergert je eraan dat je kind van zijn kamer een grote rotzooi maakt en je bent het zat om het steeds op te moeten ruimen. Temeer daar je kind de leeftijd heeft waarop het zelf al lang en breed kan opruimen. Je gaat met je kind in gesprek en wonder boven wonder stemt je kind ermee in dat het voortaan zijn kamer zelf zal opruimen. Na een week is er van deze belofte echter niets terechtgekomen en is zijn kamer weer een grote janboel. Als je je kind daarom herinnert aan de eerder gemaakte afspraak, reageert je kind met: 'Ik doe het heus wel, hoor! Ik kom mijn afspraak echt wel na, wees maar niet bang!' Maar vervolgens gebeurt er niets. Wat is er hier misgegaan?

Inderdaad, je bent vergeten af te spreken wanneer je kind op moet ruimen. Zolang je dat niet doet, denkt je kind met reden: ik doe het pas als ik vind dat het nodig is en ik er tijd voor wil vrijmaken. Mogelijk gokt je kind er zelfs stiekem op dat jij veel eerder het kritische punt bereikt de rotzooi niet langer te kunnen aanzien en daarom aan het opruimen slaat. Ook volwassenen proberen vaak onder moeilijke/vervelende taken uit te komen. Werken aan een oplossing kan zo'n moeilijke taak zijn. Een voorbeeld. Stel dat je na wikken en wegen tot de conclusie bent gekomen dat je je collega wilt aanspreken op zijn zweetlucht. En stel daarbij dat je niet zo assertief bent. Is het dan niet menselijk om een mogelijk confronterend of pijnlijk gesprek uit te stellen? Zelfs als je besloten hebt dat het er eindelijk eens van moet komen?

In level 2 stel je daarom na de openingsvraag als tweede vraag: 'Wanneer ga je er werk van maken?'

Als je cliënt onmiddellijk en vol overtuiging zegt 'vandaag of morgen', dan weet je genoeg. Hij gaat er werk van maken.
Maar vaak legt hij zijn kaarten niet zo duidelijk op tafel en moet je het antwoord zelf gaan wegen. Dat doe je aan de hand van de volgende vier punten:

1. **De non-verbale expressie**
   Als het antwoord pas na lange tijd komt en het ook nog aarzelend wordt uitgesproken, dan wekt dat weinig vertrouwen. Volgt het antwoord direct op de vraag met overtuiging? Dan wekt dat vertrouwen.

2. **De genoemde termijn waarbinnen de oplossing wordt gerealiseerd**
   Het zal duidelijk zijn: hoe sneller de cliënt zegt tot actie over te gaan, hoe groter de kans dat hij dit ook zal doen. Het omgekeerde geldt nog meer: hoe verder hij de uitvoering van zijn oplossing in de toekomst plaatst, hoe kleiner de kans zal zijn dat hij er daadwerkelijk werk van zal maken. Het is precies zoals het gezegde: van uitstel komt afstel.

3. Hoe vaak de gelegenheid zich voordoet om de oplossing in de praktijk te brengen

In de meeste gevallen zal iemand zelf in de hand hebben wanneer hij tot actie overgaat en kan hij zelf de condities daarvoor scheppen. Als iemand bijvoorbeeld als haalbare oplossing heeft gekozen ontslag te nemen, kan hij zelf bepalen wanneer hij zijn ontslagbrief schrijft. Dit is ook het geval als hij zijn collega die hij dagelijks ziet, wil aanspreken op zijn oncollegiale gedrag. Soms zal de cliënt voor het in de praktijk brengen van zijn oplossing echter niet anders kunnen doen dan een gelegenheid af te wachten.
Een voorbeeld. Een cliënt stoort zich tijdens een vergadering aan het vele praten en het niet nemen van besluiten. Zijn haalbare oplossing: er iets van zeggen als het weer gebeurt tijdens een vergadering.

4. Het taalgebruik: concreet en precies versus vaag en verhullend

Als iemand dag en tijd noemt is dat duidelijk. Als iemand termen kiest als 'gauw' of 'op korte termijn' dien je door te vragen. Zo dadelijk hierover meer. Nog vager en nog meer reden tot doorvragen zijn antwoorden als 'als ik moed verzameld heb', 'ik weet het nog niet precies' en 'daar moet ik nog over nadenken'.

Zoals gezegd, combineer je bij de beoordeling van het antwoord op de wanneer-vraag deze vier punten. In eerste instantie doe je dat steeds door te spiegelen wat je waarnam. 'Het antwoord kwam er na lang wachten uit. Je woordkeus "op korte termijn" is wat vaag. Heb ik dat goed gehoord?' Een tweede voorbeeld van een gespiegelde reactie: 'Als ik het goed begrijp, zeg je dat je volgende week, vandaag over zeven dagen, werk gaat maken van je oplossing. Ik hoor ook dat je voor die tijd nog vier dagen in de gelegenheid bent om dit te doen. Ik merkte ook dat je wat lang moest nadenken toen ik de vraag stelde. Heb ik dat goed?'
Let erop dat je spiegelende reactie geen suggestieve of oordelende ondertoon bevat en dat er evenmin ongeduld in doorklinkt.

Als de cliënt je observaties bevestigt, zeg je: 'Ik beluister in je antwoord dus veel aarzeling. Mag ik je daarom nogmaals vragen: "Ga je er werk van maken?" Je stelt dus nogmaals de openingsvraag van deze stap.
In de meeste gevallen zal de cliënt dan antwoorden: 'Je hebt gelijk. Ik denk niet dat ik er werk van ga maken.' In dat geval zeg je: 'Goed, dan strepen we deze oplossing door. Oké? Wat zou je dán nu het liefst zelf aan je probleem willen doen?'

Als de cliënt echter zegt toch in de realisatie van zijn oplossing te geloven, geef je hem het voordeel van de twijfel en vraag je niet langer door.

Soms hoef je de wanneer-vraag niet te stellen. Deze vraag is overbodig als de cliënt bij de vraag 'Ga je er werk van maken?' al spontaan heeft verteld wanneer hij tot handelen overgaat. ('Ja, ik ga het doen, ik zie morgen mijn leidinggevende en dan kaart ik het meteen aan.') Als het antwoord zo spontaan komt en ook de dag al wordt genoemd, dan zijn de vooruitzichten voor realisatie gunstig.

Level 2 in de praktijk: een voorbeeld

Net als in het vorige hoofdstuk eindig ik ook dit hoofdstuk met het verslag van een praktijkvoorbeeld.

Stap 1: Het verhaal

Coach: 'Vertel eens.'

Cliënt: 'Ik run samen met mijn man een zorgboerderij voor licht dementerende gasten, zoals wij ze noemen. Van maandag tot en met vrijdag verblijven hier dagelijks 20 à 25 gasten. Wij hebben ongeveer tien mensen parttime in dienst. Zelf werk ik ook één à twee dagen per week mee als verzorgende. Het personeel is flexibel in het doen en laten, ook in de omgang met de gasten. Een van onze personeelsleden, Anneke, wijkt hier steeds meer van af. Zij wordt steeds dominanter in haar gedrag en wil van de gasten een steeds strakkere structuur. Daarnaast wil zij zich overal met elke gast bemoeien en geeft ze onjuiste informatie door aan de familie. Als er medisch gehandeld moet worden, verloopt dit ook niet altijd vlotjes en in de goede volgorde. Als ik er iets van zeg, dan is ze snel op haar teentjes getrapt. Het overige personeel begint zich te ergeren aan haar gedrag en geeft aan dat het niet prettig werken is met haar. Ik zelf krijg er ook steeds meer moeite mee. Ik heb al een paar gesprekjes met haar gehad, maar het kwartje valt niet.'

Coach: 'Mag ik even proberen samen te vatten wat je zei? Een van je personeelsleden vertoont dominant en eigenzinnig gedrag, wat zowel jou als het overige personeel gaat irriteren.'

Cliënt: 'Ja, en ook de gasten vinden het wel eens verwarrend waarom ze bijvoorbeeld niet eerst naar de kalfjes of kippen mogen, maar eerst een rondje moeten gaan lopen.'

Stap 2: Het probleem

Coach: 'Je hebt een deel van je verhaal verteld.
Wat is nu je grootste probleem?'

Cliënt: 'Dat het bij mij en de andere collega's steeds meer stress en irritatie op gaat leveren als er met Anneke gewerkt moet worden. Het wordt steeds moeilijker om met haar hele doen en laten om te gaan. Ze gaat haar eigen gangetje, terwijl het een geheel moet zijn. Ze zegt alles te weten, maar handelt er niet naar. Ik durf er bijna niets van te zeggen, want ze zit zo boven op de kast.'

Coach: 'Dus door haar dominante en eigenzinnige gedrag is het niet leuk en ontspannen meer om met haar te werken. Vat ik het zo goed samen?'

Cliënt: 'Ja, zo is het.'

Stap 3: De gevoelens

Coach: 'Dat is dus je probleem. Wat voel je hierbij?'

Cliënt: 'Je voelt een spanningsveld. Het roept irritatie op. Je merkt dat je vaak tot tien moet tellen. Het werkt op je zenuwen.'

Coach: 'Het werkt op je zenuwen en roept irritatie op?'

Cliënt: 'Aan het eind van de dag ben ik doodmoe, omdat ik steeds op moet letten wat ik zeg en hoe ik het zeg.'

Stap 4: De oplossing

Coach: 'Het dominante en eigenzinnige gedrag van Anneke maakt het niet leuk en ontspannen meer om met haar te werken. Wat zou je nu het liefst zelf aan je probleem willen doen?'

Cliënt: 'Haar in een gesprek duidelijk maken dat niet alleen ik haar gedrag vervelend vind, maar dat ook steeds meer collega's er problemen mee krijgen. Ervoor zorgen dat er weer een gezonde werksfeer komt.'

Coach: 'Je wilt een gesprek aangaan om haar duidelijk te maken dat haar gedrag voor iedereen vervelend is?'

Cliënt: 'Ja, en het liefst met een onafhankelijk iemand.'

Stap 5: De haalbaarheid

Coach: 'Is deze oplossing, een gesprek met Anneke met een onafhankelijk iemand, haalbaar?'

Cliënt: 'Ja, ik denk het wel. Ik ga me iets meer voorbereiden dan in het verleden, zodat ik de boodschap beter kan overbrengen. Want dat ontbrak er wel eens aan, vrees ik.'

Stap 6: De uitvoering

Coach: 'Ga je werk maken van je oplossing?'

Cliënt: ' Ja zeker, want als ik niets doe, gaat het vroeg of laat escaleren. Precies zoals het spreekwoord "Eén rotte appel in de mand maakt al het gave fruit te schand".'

Coach: 'Wanneer ga je het doen?'

Cliënt: 'Ik ga deze week de eerste stap zetten. Ik ga contact opnemen met iemand van P&O van de stichting waarbij wij zijn aangesloten. Hier hoop ik wat bruikbare tips en adviezen te krijgen over hoe ik dit gesprek het beste aan kan gaan. Ja, hoe meer ik erover spreek, des te duidelijker wordt het dat ik er iets aan moet gaan doen.'

Samenvatting

Stap 1: Het verhaal

- Door te spiegelen kun je de cliënt laten zien dat je echt luistert. Er zijn drie vormen van spiegelen: letterlijk herhalen, samenvatten en parafraseren.
- Bij letterlijk herhalen herhaal je woordelijk een (kern)zin dan wel de laatste zin.
- Bij samenvatten geef je kort, met de woorden van de cliënt, de essentie weer van wat hij zei.
- Bij parafraseren geef je in eigen woorden kernachtig jouw interpretatie weer van wat jij dacht dat de cliënt bedoelde te zeggen.
- In een coachingsgesprek kun je alle drie de vormen van spiegelen gebruiken. Je keuze zal vooral afhangen van je doel. In een gesprek van

zo'n tien minuten – ongeveer de duur van stap 1 – dien je minimaal drie keer te spiegelen.

- Door samen te vatten of te parafraseren kun je de cliënt niet alleen laten zien dat je echt luistert, maar ook controleren of je de cliënt wel goed hebt begrepen.
- Spiegelen heeft ook een structurerende functie: het gesprek krijgt kop en staart, richting en een doel doordat hoofd- en bijzaken worden gescheiden.
- Door te spiegelen ontstaat er ook wat rust in het hoofd van de cliënt.
- Een (goede) samenvatting of parafrasering bevestigt het verhaal van de cliënt.
- Een samenvatting/parafrasering biedt je ook de mogelijkheid de cliënt te attenderen op wat hij goed deed.
- Ten slotte bevordert een samenvatting/parafrasering zowel een soepele terugkeer naar het hoofdthema als een soepele overgang naar een nieuw thema.

Stap 2: Het probleem

- De bedoeling van stap 2 is dat je tot een bondige probleemomschrijving komt zoals gezien vanuit het perspectief van de cliënt.
- De cliënt heeft doorgaans geen kort en bondig antwoord op je superlatiefvraag. Heel vaak is het een warrig verhaal, het gevolg van hardop denken. Als coach moet je de cliënt daarom soms helpen om te verwoorden wat hij echt bedoelt. Dat doe je door de essentie van wat hij zei in hooguit 40 woorden weer te geven, liefst minder
- Bij een bondige probleemomschrijving is het belangrijk om zoveel mogelijk de woorden en uitdrukkingen van de cliënt te gebruiken (dus samen te vatten en niet te parafraseren).
- Het is raadzaam om het antwoord op de superlatiefvraag zo letterlijk mogelijk op te schrijven en de cliënt daarna te vragen of je even mag bestuderen wat je hebt opgeschreven om zo, wederom met pen en papier, te proberen een korte omschrijving te maken.

- Laat de cliënt daarna de opgeschreven probleemomschrijving zien en laat deze – indien goedgekeurd – voor de duur van het gesprek zodanig tussen jullie in liggen dat jullie het kunnen lezen.
- Als de cliënt met je probleemomschrijving akkoord gaat, sluit je stap 2 af en ga je naar de volgende stap. Als de cliënt vindt dat je omschrijving niet klopt, en je daarom corrigeert, doe je in dit level geen nieuwe poging tot een samenvatting.

Stap 3: De gevoelens

- Als de cliënt op de gevoelsvraag een antwoord geeft waarin inderdaad gevoelens voorkomen, spiegel je de gevoelens door deze letterlijk te herhalen.
- In je reactie laat je een 'klein vraagteken' horen. Dit doe je om de cliënt de gelegenheid te geven om zijn gevoelens verder toe te lichten, dan wel te nuanceren.
- Door de gevoelens te spiegelen bevestig je deze, voelt de cliënt zich begrepen, wordt hij zich (nog meer) bewust van zijn gevoelens en zorg je ervoor dat de gevoelens daarna de ratio minder in de weg zitten.

Stap 4: De oplossing

- Op de superlatiefvraag zal de cliënt vaak een wat chaotisch geformuleerd antwoord geven.
- Net als in stap 2 komt het er nu op aan om het antwoord kort en bondig samen te vatten, bij voorkeur in een zin van hooguit 40 woorden.
- Voor het maken van een korte samenvatting helpt het als je – net als bij stap 2 – het antwoord dat de cliënt op de superlatiefvraag geeft, zo letterlijk mogelijk opschrijft. Laat daarna de opgeschreven oplossing aan de cliënt zien en laat deze – indien goedgekeurd – voor de duur van het gesprek zodanig tussen jullie in liggen dat jullie het kunnen lezen.
- Als de cliënt zijn oplossing bondig geformuleerd terughoort, weet hij beter wat hij wil. Het kan zelfs zo zijn dat hij nu pas voor het eerst weet wat hij wil. Soms zal hij zich corrigeren en zijn oplossing bijstellen. Met het gecorrigeerde antwoord doe je in dit level niets.

Stap 5: De haalbaarheid

In level 2 doe je hetzelfde als in level 1. Met dit ene verschil: je laat stap 5 achterwege als de cliënt in de vorige stap na jouw bondige samenvatting zichzelf al heeft gecorrigeerd en gezegd heeft dat zijn oplossing niet haalbaar is en oordeelde dat de nieuwe oplossing wel haalbaar is.

Stap 6: De uitvoering

In level 2 stel je als tweede vraag: 'Wanneer ga je er werk van maken?' Bij de beoordeling van het antwoord op deze vraag combineer je de volgende vier punten:

1. De non-verbale expressie.
2. De termijn waarbinnen de oplossing wordt gerealiseerd.
3. Hoe vaak de gelegenheid zich voordoet om de oplossing in de praktijk te brengen.
4. Het taalgebruik: concreet en precies versus vaag en verhullend.

Het komt er in dit level op aan om na je vraag 'Wanneer ga je er werk van maken?' het antwoord te spiegelen en de cliënt daar zijn conclusies uit te laten trekken.

6

Level 3 Verdere verdieping

In level 1 leerde je de openingsvraag te stellen. In level 2 leerde je hoe hierop te reageren, wat vooral neerkwam op spiegelen. In level 3 ga je verder de diepte in. Je leert onder andere door te vragen, wat te doen als de cliënt je (eerste) samenvatting afkeurt en hoe je de cliënt die op je openingsvraag geen gevoelens benoemt, kunt helpen alsnog gevoelens te benoemen.

Stap 1
Het verhaal

In level 1 stelde je in stap 1 de openingsvraag 'Vertel eens, waar zit je mee?' en stond luisteren centraal. Aansluitend leerde je in level 2 te spiegelen.
Zelfs als je als coach echt luistert en af en toe spiegelt, kan het toch voorkomen dat je de cliënt niet goed begrijpt en dat je je daarom niet helemaal in hem kunt verplaatsen. Een mogelijke reden is dat de ander ten onrechte een aantal dingen bij jou bekend veronderstelt. Een tweede reden kan zijn dat de cliënt cruciale zaken overslaat of gedachtesprongen maakt die jij niet kunt volgen. Het kan ook zijn dat hij termen en afkortingen gebruikt die jij niet kent. Wat kun je doen als je om welke reden dan ook de cliënt niet helemaal begrijpt?
Je kunt dan vragen stellen. Welnu, dat is dan ook wat je in de eerste stap van level 3 gaat doen. Je maakt nu nader kennis met de derde letter van het bekende acroniem en ezelsbruggetje 'LSD' ofwel luisteren, samenvatten en (door)vragen. Net als over luisteren en samenvatten valt over vragen stellen veel te zeggen.

Waarom vragen stellen?

Een gouden regel in de (psychosociale) hulpverlening is dat men in elk helpend gesprek niet meer dan een derde van de tijd zelf aan het woord mag zijn. In de oudheid kende men deze wijsheid al, want de filosoof Zeno van Citium (de stichter van het stoïcisme) zei zo'n 300 jaar voor Christus al dat we om ons te stimuleren meer te luisteren dan te praten, twee oren hebben gekregen en één mond. Hoe zorg je ervoor dat je je aan deze belangrijke regel van gespreksvoering kunt houden?

Zie een gesprek vooral als een middel om iets te leren en niet om iets te onderwijzen. Het middel bij uitstek om iets te leren is het stellen van vragen.

Charles Darwin zei dat voor hem het oplossen van het mysterie van de evolutie een rechttoe rechtaan proces was toen hij eenmaal wist wat de goede vragen waren die hij zichzelf moest stellen.

Hoe vragen te stellen?

Iedereen kan leren goede vragen te stellen. Het belangrijkste is dat je het echt moet willen. Een tweede voorwaarde is dat je echt in de ander geïnteresseerd moet zijn. Er volgen nu enkele technieken of tips die je kunnen helpen om effectieve vragen te stellen.

Ga van algemeen naar specifiek

Als je een probleem goed wilt begrijpen, kun je het beste met algemene vragen beginnen. 'Je zegt dat je al een tijdje met het probleem worstelt, hoe is het begonnen, vertel eens.' Als je (te snel) begint met het stellen van specifieke vragen (bijvoorbeeld: 'Heb je dit probleem al met je leidinggevende besproken?'), loop je het risico dat de cliënt zich defensief gaat opstellen.

Begin met gemakkelijke vragen

Als je vroeg in het gesprek moeilijke vragen stelt of delicate onderwerpen aansnijdt, dan zal de cliënt zich ongemakkelijk voelen. Als je echter begint met eenvoudige vragen, op een terrein waar de cliënt zich veilig voelt, dan geef je hem de kans om te ontdooien en meer open te zijn.

Houd je vragen eenvoudig

★ Goede vragen zijn simpel en direct en zo geformuleerd dat de cliënt geen moeite hoeft te doen om te begrijpen wat je bedoelt.

Als de cliënt zegt: 'Ik weet niet precies wat je wilt weten...' dan is je vraag niet goed geformuleerd. De bekende journalist Jeroen Pauw zei in een interview dat eenvoudige vragen het meest opleveren.

Stel vooral open vragen

Door vragen te stellen toon je aandacht voor het verhaal van de cliënt. De bekendste soorten van vragen zijn de gesloten en open vragen.
Open vragen geven, zoals de naamgeving al suggereert, de ander veel ruimte, omdat ze weinig richting geven aan het antwoord. De ander is vrij om te bepalen hoe hij de vraag zal beantwoorden en hoe uitgebreid hij dat zal doen. Een voorbeeld van een open vraag is: 'Wat denk je dat een open vraag is?'
Open vragen beginnen meestal met vraagwoorden (bijvoorbeeld *wie, wat, waar, welke, wanneer, hoe, waarvan, waarmee* en *hoeveel*). Je kunt ook uitnodigende zinnen gebruiken als 'Vertel eens', 'Licht eens toe' en 'Wat bedoel je te zeggen?'
Gesloten vragen perken de ruimte erg in, omdat ze een bepaald type antwoord impliceren. Bijvoorbeeld een bepaalde keuze. 'Wil je vandaag het slechte nieuws brengen aan je team of wil je er nog een nachtje over slapen?'

Soms biedt een gesloten vraag alleen maar de antwoordkeuze tussen 'ja' of 'nee'. Zoals bij deze vraag: 'Weet je wat een gesloten vraag is?'
Open vragen geven je meer de gelegenheid om in de huid van de cliënt te kruipen en het verhaal vanuit zijn perspectief te zien. De cliënt zal eerder praten over zijn gedachten en gevoelens, terwijl bij gesloten vragen de focus eerder komt te liggen op de feiten. Open vragen getuigen eerder van oprechte nieuwsgierigheid en zijn zelden of nooit oordelend of suggestief. De cliënt heeft daarbij ook meer de regie over het verhaal. Gesloten vragen veronderstellen bij de vragensteller extra kennis en macht; hij bepaalt immers steeds de richting van de antwoorden. Vandaar dat deze vragen vaak worden gesteld in situaties waarin de gezagsverhouding niet gelijkwaardig is, zoals tussen arts en patiënt, ouder en kind of rechercheur en verdachte. Degene die de gesloten vragen krijgt voorgelegd, heeft dan ook vaak het gevoel dat hij op een of andere wijze wordt getest of zich moet verantwoorden.
Moet je dan alleen maar open vragen stellen? Nee, beide vraagsoorten kunnen nuttig zijn. Het hangt geheel af van het doel van het gesprek en vaak ook van de fase van het gesprek welk soort vragen het meest geschikt zijn.

Open vragen zijn vooral geschikt:

- om een sfeer van vertrouwen te kweken (daarom is het ook belangrijk hiermee te beginnen);
- om (achtergrond)informatie te vergaren;
- om een mening te peilen;
- om de cliënt het gevoel te geven serieus genomen te worden;
- om de cliënt aan te moedigen iets over zichzelf bloot te geven.

Gesloten vragen zijn vooral geschikt:

- als je op zoekt bent naar bepaalde feiten of informatie;
- als je bepaalde feiten of hypotheses wilt bevestigen of juist wilt uitsluiten;
- als je je gesprekspartner over een bepaalde drempel wilt helpen.

Een nadeel van open vragen:

- een gesprek kost vrij veel tijd.

Nadelen van gesloten vragen:

- de cliënt kan zich er inferieur en ongemakkelijk onder voelen;
- het gesprek is vrij sfeerloos;
- je bent als coach al snel suggestief of oplossend bezig;
- het luisteren staat onder druk, omdat je vaak al bezig bent met de volgende vraag.

Kortom, bij de MCG heb je doorgaans meer aan open vragen. Je mag ook gesloten vragen stellen, maar gebruik ze in beperkte mate. Stel je meer dan drie gesloten vragen achter elkaar? Dan ervaart de cliënt het gesprek meestal als een kruisverhoor.

Stel vragen over begrippen of uitdrukkingen

Stel dat een cliënt zegt: 'Ik kan er niet goed tegen als een bepaald type medewerkers opeens kruiperig gaat reageren als de sectormanager zijn gezicht hier laat zien.'
De betekenis van de zin lijkt duidelijk. Of niet? Doe dan eens het volgende experiment. Schrijf in een paar zinnen op wat deze zin volgens jou betekent. Vraag vervolgens iemand uit je naaste omgeving hetzelfde te doen. Vergelijk dan de twee teksten. Waarschijnlijk zie je dan opmerkelijke verschillen. Ze hebben waarschijnlijk te maken met verschillen in interpretatie van de zinsneden 'er niet goed tegen kunnen', 'een bepaald type medewerkers' en 'kruiperig reageren'.

Tot de beste coachingvragen behoren daarom vragen die gericht zijn op het verhelderen van woorden of uitdrukkingen.

Vraag naar een voorbeeld

Stel dat een cliënt tegen je zegt: 'De communicatie tussen mij en mijn collega X loopt de laatste tijd niet goed.' Weet je nu wat hij bedoelt? En hoe zit het met deze uitspraak: 'Ik krijg zoveel extra werk naar me toegeschoven de laatste tijd.' Weet je om welk werk het gaat? En hoe dat toeschuiven in zijn werk gaat? Waarschijnlijk heb je bij beide zinnen slechts een vaag vermoeden van wat de cliënt bedoelt.

De menselijke geest denkt in beelden en acties. Om de cliënt goed te begrijpen is het raadzaam steeds naar beelden en acties te vragen: 'Kun je hiervan een voorbeeld geven?'

Vaak zal de cliënt dan met een voorbeeld komen waar hij zich het meest aan heeft gestoord. Als je in de volgende stap de superlatiefvraag stelt, zal hij dit vaak als zijn grootste probleem benoemen.

Stel niet te veel vragen, maar houd stap 1 kort

Veel hulpverleners hebben tijdens de opleiding geleerd om ten behoeve van een goede diagnostiek de cliënt te bestoken met een batterij aan vragen. Hoe lang worstel je al met dit probleem? Heb je eerder dit probleem gehad? Hoe heb je dat toen aangepakt? Heb je er al met anderen over gesproken? Zo ja, met wie? Wat zeiden zij? In hoeverre heeft het probleem ook met je karakter te maken? Enzovoorts. Op zich zijn dit allemaal goede vragen. Zeker als je als expert zelf de diagnose moet stellen.
Maar zoals gezegd is in de MCG de cliënt de deskundige. Hij beschikt over meer informatie dan dat jij kunt bevragen. Te veel vragen stellen en te uitgebreid het verhaal laten vertellen, zorgt er vaak voor dat zowel jij als de cliënt al snel door de bomen het bos niet meer ziet. Een onbedoeld neveneffect is dat je de cliënt van 'een mens met een probleem' een 'probleemgeval' maakt.

Als je diep gaat graven, zie je op een gegeven moment alleen nog maar links en rechts van je het zand van de kuil waar je beiden in zit en zie je ook steeds minder licht.

Houd stap 1 daarom kort. Meestal heb je genoeg aan vijf minuten. Zeven minuten is het maximum. Dus de tijd die een huisarts gemiddeld tot zijn beschikking heeft voor een consult.

Combineer vragen stellen met spiegelen

In level 2 gaf ik als vuistregel om ten minste drie keer te spiegelen. Dat geldt ook voor level 3. Wissel spiegelen af met vragen stellen of combineer deze vaardigheden. 'Je zegt dat je huwelijk steeds meer een routine en sleur wordt. Kun je hier iets meer over vertellen?' Door eerst te spiegelen, bevestig je de cliënt en geeft hij je eerder het vertrouwen om ook op moeilijke vragen te antwoorden.

Sluit af met de vraag: 'Ben ik nog vergeten iets te vragen wat belangrijk is om je verhaal te begrijpen?'

Huisartsen, therapeuten en psychiaters zijn er heel vertrouwd mee: sommige patiënten wachten met het vertellen van hun belangrijkste zorg of het stellen van hun belangrijkste vraag als ze de klink al in de hand hebben om de spreek- of behandelkamer te verlaten. 'Dokter, wat ik nog wil vragen, kan het niet zijn dat...?' Ze hadden niet eerder de moed om erover te beginnen of hoopten tevergeefs dat de professional de juiste vraag zou stellen en ze dan konden zeggen wat hen het meest bezighoudt. Om het risico te verkleinen dat je essentiële informatie niet te horen krijgt, kun je daarom als slotvraag van stap 1 vragen: 'Ben ik nog vergeten iets te vragen wat belangrijk is om je verhaal te begrijpen?' In de meeste gevallen zal deze vraag ontkennend worden beantwoord, maar soms levert het verrassende en waardevolle informatie op.

Stap 2
Het probleem

In level 1 stelde je de superlatiefvraag ‘Wat is nu je grootste probleem?’ In level 2 gaf je een korte samenvatting van het antwoord. Als de cliënt je samenvatting als juist beoordeelde, ging je meteen door naar de volgende stap. Hetzelfde deed je ook als de cliënt het niet eens was met je korte probleemomschrijving.

Als je na het antwoord op de superlatiefvraag de cliënt een korte en duidelijke probleemomschrijving voorlegt, zal de cliënt in het meest ideale geval reageren: ‘Ja, dat is het precies.’ Ook de opgeluchte en blije gezichtsuitdrukking verraadt dat je precies in de roos zit. Je kunt dan meteen probleemloos door naar de volgende stap.

In ongeveer de helft van de gevallen verloopt het anders. Na een goede omschrijving zal de cliënt vaak een ontdekking doen. Namelijk dat hij op de buitenste schil van het probleem is gestuit en dat er nog een schil onder zit: een essentiëler probleem. Hij reageert dan in de trant van: ‘Nee, dat is het toch eigenlijk niet, maar...’ En dan kan er weer een heel verhaal komen...

In het vorige level vertrouwden we erop dat de cliënt met zijn aanvullende verhaal de stappen kon vervolgen. In dit level doen we dat niet meer: nu is het jouw taak ook dit verhaal samen te vatten tot een korte probleemomschrijving.

Het kan zijn dat na een juiste bondige probleemomschrijving de cliënt jou opnieuw laat weten dat het toch niet het eigenlijke probleem is en dat hij dan weer met een nieuw antwoord komt. Wederom moet je dan zijn laatste antwoord samenvatten.

In deze fase kan het zoeken naar de juiste omschrijving van het probleem net lijken op het pellen van een ui.

Als je er uiteindelijk samen uit bent en duidelijk hebt wat het grootste probleem is, kun je door naar stap 3.
Ik geef een voorbeeld om te illustreren hoe dit in zijn werk kan gaan. Omdat de stap 'Het probleem' niet goed te begrijpen valt zonder het verhaal dat eraan voorafgaat, begin ik hiermee.

Cliënt (stap 1): 'Twee jaar geleden is in onze organisatie de start gemaakt met een rigoureuze organisatieverandering. Het team waaraan ik leiding geef, diende als een pilot. Ik kreeg de functie als leidinggevende niet in mijn schoot geworpen, integendeel. Ik moest destijds een uitgebreide sollicitatieprocedure doorlopen, inclusief een assessment. Omdat de pilot een succes was, is een maand geleden besloten om het organisatiemodel in de hele organisatie door te voeren. Toen ik dit besluit hoorde, dacht ik: prima, we hebben het goed gedaan. We hebben het voortouw genomen. Maar ik schrok en was erg verrast toen ik hoorde dat ik nu opnieuw voor de functie van leidinggevende moest gaan solliciteren. "We willen nu met iedereen een nieuwe start maken," zeiden ze. Als argument gebruikten ze ook nog dat de nieuwe functie van leidinggevende wat anders zal zijn, omdat twee andere kwaliteiten tot de huidige functie gaan behoren: netwerken en nieuw ondernemerschap. Ik werd toen heel boos. Ik voelde me niet serieus genomen. Destijds zat ik niet te wachten op de nieuwe functie van leidinggevende, maar ik heb deze aangenomen omdat ik van alle kanten werd gepusht: "Het is een kans, een cadeautje." Ik heb alles gedaan om onder de nieuwe sollicitatieronde uit te komen, maar het is me niet gelukt. Ik zal er nu toch aan moeten gaan geloven, vrees ik. Behalve dat ik nu opnieuw moet gaan solliciteren, zit me ook nog dwars dat aan mij bij de evaluatie van de pilot geen vragen zijn gesteld. De resultaten waren goed en dat vonden ze kennelijk genoeg.'
Coach (stap 2): 'Je hebt het hele verhaal nu verteld. Wat is nu je grootste probleem?'
Cliënt: 'Ik voel me een beetje buitenspel gezet. Nu onze organisatie een

nieuwe fase ingaat die helemaal is geënt op de pilot waar ik leiding aan gaf, voel ik me niet serieus genomen. En ik heb er zo hard aan getrokken om er een succes van te maken.'
Coach (eerste poging tot korte probleemomschrijving): 'Je voelt je niet serieus genomen nu de organisatie na de evaluatie van de pilot een nieuwe fase ingaat.'
Cliënt: 'Ik denk dat ik méér wil, of iets anders. Ik had me meer serieus genomen gevoeld als ik nu niet alsnog hoefde te solliciteren. Ik denk dat ik hier nog het meest mee zit.'
Coach (tweede poging tot korte probleemomschrijving): 'Je zit er het meest mee dat je je niet serieus genomen voelt, omdat je binnen de nieuwe organisatie opnieuw moet solliciteren?'
Cliënt: 'Nee, dat is het ook niet. Nu ik het zo terughoor, weet ik ook wel dat ik moet gaan solliciteren. Dat heb ik juist al gezegd, geloof ik. Ik ben bang dat ik irritant ga doen en zo mijn eigen glazen ingooi. Ja, ik ben ook gewoon boos. Moet ik nu toegeven aan mijn kwaadheid of juist verstandig doen en net als de rest gewoon gaan solliciteren? Daar zit ik mee.'
Coach (derde poging tot korte probleemomschrijving): 'Je worstelt met het maken van een goede keuze: je irritatie uiten met het risico dan je glazen in te gooien of verstandig doen en braaf solliciteren?'
Cliënt: 'Ja, nu ben ik eruit. Dat is het precies. Stom eigenlijk dat ik dit niet meteen zelf zo kon verwoorden. Ja, dat is het helemaal.'

Je ziet dat de coach drie pogingen nodig had om tot de juiste korte probleemomschrijving te komen. Ook jij moet met je pogingen net zo lang doorgaan tot je cliënt groen licht geeft. In de praktijk is het niet altijd duidelijk waardoor een samenvatting niet juist is. Het kan zijn dat jij niet goed samenvatte of dat je cliënt zichzelf verbeterde vanwege een nieuw dieper inzicht.

Mogelijk denk je nu: ‘Gaat een gesprek zo niet erg lang duren? We zijn nu nog maar bij stap 2 en er komen er nog vier!’ Het lijkt inderdaad lang te gaan duren. ‘Lijkt’, want de tijd die je nu extra investeert, win je later terug.
Wij mensen tobben vaak, omdat we niet de vinger op de wond kunnen leggen. ‘Er zit me iets dwars, maar ik weet niet wat.’ Of: ‘Het is zo’n chaos in mijn hoofd. Ik weet niet waar ik moet beginnen.’
Als het probleem duidelijk en helder omschreven is, kan de cliënt gericht op zoek gaan naar een oplossing die hoort bij zijn probleem. Zelfs als later blijkt dat men geen oplossing vindt, dan is de cliënt toch vaak veel verder als eenmaal het probleem helder is geformuleerd. ‘Ik weet nu tenminste waarnaar of in welke richting ik moet zoeken.’ Bovendien: wij mensen kunnen beter leven met orde dan met chaos, vaagheid en onzekerheid.

Als je niet de moeite neemt om het probleem goed en bondig te formuleren, dan duurt het gesprek misschien niet zo lang, maar is de geïnvesteerde tijd verspilde tijd. Als zoiets zich vaak voordoet, verliest de cliënt het vertrouwen in jou. (‘Je luistert toch niet.’ Of: ‘Zo kom ik niet verder.’)

Stap 3
De gevoelens

In level 1 leerde je de openingsvraag te stellen voor deze stap. In level 2 leerde je het antwoord te spiegelen. Je herhaalde simpelweg constaterend het gevoel. Dit laatste deed en kon je alleen doen als de cliënt ook daadwerkelijk gevoelens had benoemd. In gevallen dat de cliënt op je openingsvraag geen gevoel had benoemd, nam je daar genoegen mee. Je vroeg niet verder door, maar je ging door naar stap 4, de favoriete oplossing.

'Ik heb het gevoel dat ik tegen een muur aan loop.' Stel dat iemand op de gevoelsvraag dit antwoord gaf. Hoe bevestig je dan zijn gevoelens? In deze zin komt weliswaar het woord 'gevoel' voor, maar een woord om gevoelens aan te duiden, zoals 'boos', 'bang', 'blij' of 'bedroefd', komt er niet in voor. Wat dan?
Als iemand na de vraag 'Wat voel je nu bij je probleem?' in zijn antwoord geen gevoelswoord noemt, zijn er vier manieren om de cliënt te helpen gevoelens aan de oppervlakte te brengen. Deze vier manieren staan centraal in level 3. Heb je een idee welke manieren dat zijn? Probeer hier een ogenblik over na te denken.

De eerste manier om gevoelens te helpen uiten is: de non-verbale signalen die de ander toont als hij de gevoelsvraag beantwoordt vertalen in een gevoel. Als iemand zijn vuisten balt, zeg je bijvoorbeeld: 'Terwijl je antwoord gaf op mijn vraag, balde je je vuisten. Ben je kwaad?'

Drie andere voorbeelden:
- 'Ik zag dat je bij je antwoord met je mondhoeken trok. Doet het je verdriet?'
- 'Je zucht er diep bij, het klinkt alsof je je machteloos voelt.'
- 'Terwijl je antwoordde, schoten je ogen vuur. Ben je boos?'

Het is geen must dat je interpretatie klopt, want de cliënt zal je wel corrigeren als je ernaast zit. Belangrijker (ook voor de ander) is de poging die je doet om zijn gevoelens te begrijpen. Het komt er daarbij wel op aan dat je aangeeft waar je interpretatie op gestoeld is. Als je een interpretatie geeft van iemands gevoelens, maar vergeet te vertellen waar deze op is gebaseerd, dan bereik je vaak het tegendeel van wat je beoogt. Als je 'out of the blue' bijvoorbeeld vraagt 'Ben je soms verdrietig?' of zegt 'Ik zie dat je verdrietig bent' en verzuimt aan te geven dat deze vraag te maken had met zijn trieste gezichtsuitdrukking, dan zal de cliënt vaak ontkennen dat er iets met hem aan de hand is. De vraag was te direct, de richting waar deze vandaan kwam, was voor de cliënt niet te controleren. Daar houden wij, mensen, niet van. Wel vinden we het doorgaans prettig te merken dat iemand moeite doet om ons te begrijpen en daarom ons goed observeert. Tijdens trainingen is me opgevallen dat 9 van de 10 cursisten deze fout maken. Vreemd is dat niet als men bedenkt dat alle communicatieboeken die ik ken deze mijns inziens foute methode aanbevelen. Zoals het – voor het overige geweldige – boek Psychologische gespreksvoering van Lang en Van der Molen (2012)

Zonder ons ervan bewust te zijn, gebruiken we voortdurend woorden en uitdrukkingen die een gevoel verraden. Kijk maar naar de volgende uitspraken ter illustratie:

- ‘Ik stond echt voor schut.’ (Schaamte en/of boosheid)
- ‘Hoe kon hij dat nu zeggen?’ (Verbazing en/of irritatie)
- ‘Toen hij dat zei en plotseling 180 graden draaide, keken we elkaar allemaal aan.’ (Verbazing, irritatie, dan wel opluchting)
- ‘Nee, ik zit er niet mee. Echt niet!’ (Trots)
- ‘Pure kretologie, honderd procent bluf.’ (verontwaardiging)

Of kijk naar de uitspraak waarmee deze paragraaf opende: ‘Ik heb het gevoel dat ik tegen een muur aan loop.’ Je reageert dan bijvoorbeeld met deze vertaling: ‘Je zegt dat je het gevoel hebt tegen een muur aan te lopen. Voel je je machteloos?’

Een tweede manier om gevoelens aan de oppervlakte te brengen is de gevoelens vertalen die besloten liggen in woorden of uitdrukkingen die de cliënt gebruikte in zijn antwoord (op de directe vraag naar het gevoel).

Heel vaak onthullen we onze gevoelens door het gebruik van woorden van één of twee lettergrepen zoals ‘shit’, ‘stom’ en ‘sorry’. Deze woorden kunnen zeer uiteenlopende gevoelens verwoorden. Zo kan ‘shit’ staan voor zelfverwijt, boosheid, machteloosheid, jaloezie, teleurstelling, enzovoorts. De context en de intonatie geven aanwijzingen om welk gevoel het gaat.

Een derde manier om gevoelens aan de oppervlakte te brengen is dat je zegt wat je zélf zou voelen als je je in dezelfde situatie zou bevinden als je cliënt.

Een voorbeeld. 'Als het mij zou overkomen dat medewerkers tijdens mijn afwezigheid tegen me gingen samenspannen (zie voorbeeld pagina 99) en ik wist dat een collega van me zoiets ooit de kop heeft gekost, dan zou op enig moment bij mij de angst toeslaan. Hoe is dat bij jou?' In plaats van dat je zegt wat je zelf zou voelen, kun je ook zeggen wat anderen die in hetzelfde schuitje zaten, voelden. 'Van mensen die hetzelfde meegemaakt hebben als jij, hoorde ik dat ze angstige momenten doormaakten. Hoe is dat met jou?' Vooral als je vermoedt dat het om taboegevoelens (zoals schaamte, jaloezie en schuld) gaat, is dit vaak een goede strategie. Het helpt de cliënt over de schaamte- of angstdrempel heen te stappen. Bij geaccepteerde gevoelens is het minder geëigend. Tot deze strategie neem je bij voorkeur pas je toevlucht als je met de twee eerder genoemde manieren niet verder bent gekomen. Een nadeel van deze methode is immers dat de kans bestaat dat je de ander gevoelens in de mond legt of aanpraat.

Een vierde en laatste manier om een gevoel bij een probleem aan de oppervlakte te brengen, is er gewoon een slag naar slaan. 'Ik weet het niet zeker, en ook niet waarom ik dat denk, maar kan het zijn dat je je angstig voelt?'

Het komt er dan wel op aan dat je zégt dat je een gok doet. Als je dit laatste achterwege laat, dan wek je de indruk de pretentie te hebben door iemand heen te kunnen kijken. Deze vierde manier gebruik je als je met de andere drie geen succes hebt gehad of als je geen mogelijkheden zag ze toe te passen.
Er zijn dus vier manieren om gevoelens aan de oppervlakte te brengen als de cliënt op je gevoelsvraag geen gevoel benoemt. De eerste twee manieren hebben de voorkeur. Als de cliënt instemt met je gevoelsvertaling,

door te knikken of te zeggen 'dat klopt', dan wacht je even. Je laat het genoemde gevoel zo even bij de cliënt bezinken. Als de cliënt daarna drie à vier seconden niets zegt en ook daar geen aanstalten toe maakt, ga je door naar de volgende stap.
Met je vertaling kun je er uiteraard ook naast zitten. 'Nee, ik ben niet boos, maar geïrriteerd.' Als de cliënt je zo corrigeert, dan herhaal je simpel het benoemde gevoel. 'Excuses, geïrriteerd?' Ook dan laat je het gevoel even bezinken alvorens je naar de volgende stap gaat.
Als je bang bent dat de cliënt denkt dat je papegaait, kun je er ook voor kiezen alleen maar even te wachten. (Of het al dan niet klinkt als papegaaien hangt overigens voor 90 procent af van de toon waarop je het gevoel herhaalt. Als je het op een heel natuurlijke wijze doet, zal de cliënt het niet als papegaaien ervaren, maar juist als een bevestiging.)
Je spiegelt in alle gevallen als de cliënt een toelichting geeft waarin hij nog een ander gevoel noemt. Als hij bijvoorbeeld zegt: 'Ja, het klopt dat ik boos ben op mijn leidinggevende. Wie zou dat niet zijn in mijn geval? Maar ik voel me ook machteloos, want het is mijn baas. Ik ben van hem afhankelijk en kan dus niet zoveel doen.' Dan kun je reageren met: 'Boos en ook machteloos?

Stap 4
De oplossing

In level 1 stelde je de openingsvraag van deze stap: 'Wat zou je nu zelf het liefst aan je probleem willen doen?' In level 2 reageerde je op het antwoord door het kort en bondig samen te vatten. Als de cliënt jou corrigeerde omdat hij de samenvatting niet goed vond of als hij zichzelf corrigeerde, reageerde je hier niet op, maar ging je door naar de volgende stap. Weet je nog wat je zojuist in stap 2 deed als de cliënt je probleemdefinitie corrigeerde? Je deed nu een nieuwe poging. En je bleef ermee doorgaan tot de cliënt akkoord was.

In stap 4 ga je nu hetzelfde te werk. Je vat het gecorrigeerde antwoord nu samen en doet dat net zo lang tot de cliënt zich helemaal kan vinden in je korte samenvatting.

Net als in stap 2 geef ik ter verduidelijking een voorbeeld.

Coach: 'Je zit ermee, zei je, dat je je op sommige dagen mat voelt en niet zo helder in je hoofd bent en dat je bang bent dat je op zeker ogenblik door de mand valt. Als je hieraan denkt, wat zou je nu dan het liefst er zelf aan willen doen?'
Cliënt: 'Eigenlijk zou ik het liefst een paar weken vrij willen nemen om een ontspannende vakantie te nemen. Lekker er even tussenuit. De accu opladen.'
Coach: 'Je zou het liefst een paar weken vrij willen nemen om de accu zo op te laden?'
Cliënt: 'Ja, maar ik weet tegelijkertijd dat dit niet zoveel oplost en dat dit kortetermijnpolitiek is. Ik denk dat het beter is om op zulke dagen alle afspraken af te zeggen en een langere lunchpauze te nemen. Plus ook nog tussendoor om het uur tien minuten wat rust te nemen en een kopje koffie te drinken. Dus zoals anderen elk uur naar buiten gaan voor een sigaretje.'
Coach: 'Dus je wilt het liefst dan alle afspraken afzeggen, een langere lunchpauze nemen en om het uur ook even een rustmoment pakken?'
Cliënt: 'Wacht. Die langere lunchpauze kan gewoon, maar die afspraken, nee, die afspraken kan ik eigenlijk niet afzeggen. Nee, dat kan niet. Ik vind het daar ook niet erg genoeg voor. Die pauzes tussendoor, dat kan ook. Het gaat erom dat ik af en toe mijn rust neem. Tennissers pauzeren ook na elke twee games even om daarna weer goed te kunnen presteren.'
Coach: 'Dus het wordt: een langere lunchpauze en enkele korte pauzes tussendoor?'
Cliënt: 'Ja.'

Je ziet dat de reacties van de cliënt steeds samenvattingen zijn en ook dat de gespiegelde reacties telkens voor verdieping zorgen.

Stap 5
De haalbaarheid

In level 2 leerde je dat je hetzelfde doet als in level 1. Voor level 3 geldt hetzelfde. Er komt nu niets bij, maar je doet hetzelfde als in level 2. Ik herhaal dit nog even.
In level 1 stelde je de beginvraag van stap 4. Bij een positief antwoord kon je meteen naar stap 5. Bij een negatief antwoord gaf je als reactie: ‘Dan valt deze oplossing af en moeten we deze dus doorstrepen.’ Vervolgens vroeg je: ‘Wat zou je dán het liefst zelf willen doen?’ Bij een ‘nee’ op de openingsvraag keerde je dus terug naar stap 4. Anders dan bij de andere stappen leerde je zo in level 1 ook te reageren op het antwoord dat de cliënt gaf op de openingsvraag. Bij een ontkennend antwoord op de vraag ‘Is deze oplossing haalbaar?’ zou het gesprek anders stokken.

Stap 6
De uitvoering

In level 1 stelde je de vraag ‘Ga je werk maken van je oplossing?’ en leerde je ook om op het antwoord dat daarop kwam te reageren. In level 2 stelde je de vraag ‘Wanneer ga je er werk van maken?’ Je leerde ook te reageren op het antwoord dat de cliënt daarop gaf.

Een begeleider in de verstandelijk gehandicaptenzorg ervaart dat een bepaalde bewoonster er de dupe van is dat er de laatste tijd vaak sprake is van miscommunicatie en botsingen tussen hem en haar vader. Om te bereiken dat de bewoonster minder last heeft van deze miscommunicatie, heeft de begeleider in het coachingsgesprek als oplossing geformuleerd een gesprek aan te gaan met de vader. Desgevraagd zegt de begeleider dat hij ook werk gaat maken van deze oplossing. Op de vraag wanneer hij er uitvoering aan gaat geven, antwoordt hij: 'Morgen.'

Stel, je bent de coach van deze begeleider. Ben je er dan met deze oplossing? Is hij dan voldoende op het gesprek voorbereid?
Nee. Je weet immers niet hoe de begeleider het gesprek aan gaat pakken en daarom ook niet of hij voorbereid is op de problemen en valkuilen die zich in het gesprek kunnen voordoen.

In level 3 vraag je de cliënt daarom hoe hij zijn oplossing in de praktijk gaat brengen. Je helpt daarmee de cliënt zijn motivatie te vergroten en tijdig problemen en hindernissen op het spoor te komen. Zodat hij er nu al oplossingen voor kan bedenken.

Als hij ze niet vindt en constateert dat de problemen of hindernissen onoverkomelijk zijn, dan is dat in deze fase geen ramp. Hij kan dan besluiten om met een andere oplossing aan de slag te gaan.
De hoe-vraag stel je doorgaans niet één keer, maar meerdere keren.

Coach: 'Je zegt dus dat je morgen al werk gaat maken van je oplossing. Hoe ga je dat doen?'
Begeleider: 'Door de vader uit te nodigen voor een gesprek.'
Coach: 'Hoe wil je hem benaderen?'
Begeleider: 'Door hem morgen op te bellen met de vraag of hij bereid

en in staat is om over een week met mij een gesprek te hebben over zijn dochter.'
Coach: 'Hoe kaart je het overleg aan?'
Begeleider: 'Ik leg hem uit welk probleem ik constateer. Dat ik ermee zit. Dat ik merk dat zijn dochter de dupe dreigt te worden van onze botsende meningen en dat ik graag met hem wil overleggen hoe hieruit te komen.'

Je ziet dat de coach niet één keer de hoe-vraag stelt, maar wel drie keer. Dit is vaak nodig, omdat je via één hoe-vraag meestal nog geen goed beeld hebt van de uitvoering. Soms stel je zelfs vier of vijf keer de hoe-vraag. De coach kon nog aanvullende vragen stellen zoals 'Goed, je hebt het probleem aangekaart. Hoe ga je dan verder?' of 'Stel dat de vader zich niet herkent in het probleem dat je aankaart, wat dan?'

Behalve door vragen te stellen kun je de uitvoering of een deel ervan ook voorbereiden via een rollenspel. De cliënt 'speelt' daarbij zichzelf en jij speelt dan de rol van de persoon die de hoofdrol speelt in het verhaal van de cliënt. In het voorbeeld van zojuist zou je het rollenspel als volgt kunnen introduceren: 'Stel je nu eens voor dat ik de vader ben en jij nu tegenover hem zit. Je begint dus, zoals je zojuist zei, met te zeggen dat je een probleem constateert. Kun je nu eens vertellen hoe je dat bij mij, de vader, aankaart. Liefst zo letterlijk mogelijk. Ik zal me proberen te verplaatsen in de vader en zo goed mogelijk proberen te reageren zoals hij het zou doen.' Ook zo stel je de cliënt in staat om eventuele obstakels tijdig op het spoor te komen.
Als de cliënt tijdens het rollenspel op onoverkoombare obstakels stuit (bijvoorbeeld te veel angst voor het gesprek), ga je terug naar stap 4. Je vraagt om een nieuwe oplossing en wel volgens de formulering die je nu reeds heel vertrouwd in de oren zal klinken. 'Ik hoor je zeggen dat de

oplossing kennelijk toch te moeilijk is. Moeten we deze nu doorstrepen? Zo ja, wat zou je dan nu het liefst zelf aan je probleem willen doen? Ter herinnering: je probleem is: ...'

Tijdens trainingen krijg ik vaak de opmerking dat dit deel van het coachingsgesprek voor cursisten 'een beetje op therapie gaat lijken' en ook dat ze ervoor terugdeinzen dit zelf ook te gaan doen. Als ik vraag waar de schoen voor hen wringt, antwoorden ze: 'Zo leg je het vuur wel erg dicht aan de schenen van de cliënt.' Mijn reactie is dan dat de cliënt beter nu, in de veilige omgeving van het coachingsgesprek, het moeilijk kan hebben en eventueel kan struikelen, dan wanneer het 'om het echie gaat'. Bovendien, voeg ik eraan toe, iedereen die iets moeilijks gaat doen, heeft baat bij een generale repetitie. Cabaretiers hebben try-outs, toneelgezelschappen hebben generale repetities en voetballers spelen voor een EK of WK oefenwedstijden. En het is niet voor niets dat topsporters een belangrijke wedstrijd niet één keer maar vele malen vooraf visualiseren.

Zoals de olympisch kampioene Inge de Bruijn het zei: 'Voordat ik de olympische finale won, had ik de wedstrijd al duizend keer in gedachten gezwommen.'

Ik wijs er dan ook op dat het er bij dit droogzwemmen op aan komt de terugkerende hoe-vraag niet als een kruisverhoor te laten klinken en dat er ook geen scepsis in je vragen mag doorklinken ('Ik betwijfel of dit je wel gaat lukken'). In je toon moet eerder vertrouwen doorklinken, alsof je de cliënt influistert: 'Ik denk dat het je gaat lukken.' En daarbij helpt het als je zo goed mogelijk voorbereid te werk gaat. Voordat je de tweede of derde hoe-vraag stelt, kun je ook laten weten waarom je doorvraagt. 'Vind je het goed dat ik nog even doorvraag hoe je het gaat aanpakken, zodat je beter beslagen ten ijs komt?' Ten slotte kun je de geur van het kruisverhoor weghalen door voor je derde hoe-vraag het antwoord op de tweede hoe-vraag te spiegelen en zo te bevestigen. In het voorbeeld van zojuist gebeurde dat ook. ('Je begint dus met te zeggen dat je een probleem constateert. Kun je eens vertellen hoe je dat aankaart?')

★ Een van de redenen dat je (uitgebreid) stilstaat bij de uitvoering van het probleem is om na te gaan of een oplossing daadwerkelijk uitvoerbaar is. Zo kan kostbare tijd worden gewonnen en een teleurstelling worden voorkomen.

Want als de cliënt tijdens deze stap ontdekt dat de door hem gekozen oplossing bij nadere beschouwing niet uitvoerbaar is, kan hij – zonder gezichtsverlies en zonder er tevergeefs energie in te hebben gestoken – een andere oplossing kiezen.
Een voorbeeld.

Een secretaresse vertelde dat ze overspannen dreigde te raken omdat ze – tegen de afspraak in – voor twee bazen moest werken. Volgens haar arbeidscontract was ze de secretaresse van de directeur algemene zaken, maar sinds een halfjaar moest ze ook veel werk doen voor de nieuw aangestelde voorzitter van de Raad van Bestuur.
'Hij heeft een eigen secretaresse, maar die overlaadt hij met zoveel werk dat ze het niet aankan. Nu is hij bezig hetzelfde met mij te doen. Steeds komt hij met spoedklussen, waardoor het werk voor mijn directeur steeds meer in het gedrang komt. Ik heb het geturfd: de laatste tijd werk ik gemiddeld 16 uur voor de voorzitter en 16 uur voor mijn eigenlijke baas, de directeur. Ik heb maar een arbeidscontract van 28 uur. Ik werk dus elke week zes uur over om alles af te krijgen. Daar komt bij dat veel werk met een minder urgent karakter, dat ik voor de directeur moet doen, blijft liggen. Het werk stapelt zich zo steeds maar op. Een ander probleem is dat de twee bazen soms met tegenstrijdige opdrachten bij me komen. Van mijn directeur moet ik bijvoorbeeld een bericht naar mijn medewerkers sturen en even later krijg ik van de voorzitter dezelfde vraag, maar hij laat me dan een bericht opstellen met een tegengestelde boodschap. Ik kom zo in een spagaat terecht.'
Ze vertelde verder dat ze haar probleem noch met haar baas, noch met de voorzitter van de Raad van Bestuur had besproken. Als favoriete

oplossing koos ze een gesprek met de laatste hierover aan te gaan. 'Mijn eigen baas kan ik niets verwijten. Ik werk voor hem. De voorzitter moet zijn gedrag aanpassen. Daarom lijkt het me het beste om mijn probleem bij hem aan te kaarten.'
Toen haar in stap 6 de vraag werd gesteld wanneer ze het gesprek met de voorzitter aan zou gaan, bleef het heel lang stil. Uiteindelijk bekende ze dat ze dit gesprek niet aandurfde. 'Diep vanbinnen weet ik eigenlijk allang dat ik dit moet doen, maar ik zit er steeds tegen aan te hikken. Hij is toch de hoogste baas. Nee, ik durf de stap niet te zetten.'
Toen ze deze ontdekking deed, besloot ze haar probleem met haar eigen baas te bespreken. 'Dit vind ik ook niet zo gemakkelijk, maar een stuk gemakkelijker dan met de voorzitter van de Raad van Bestuur.'

In deze casus concludeerde de secretaresse dat de oplossing bij nader inzien niet haalbaar was en koos ze spontaan voor een andere oplossing. In de meeste gevallen moet je als coach de cliënt helpen om de stap te zetten naar een wel haalbare oplossing. Dat doe je op de beproefde manier. 'Nu je dieper bent gaan nadenken over de manier waarop je je oplossing in de praktijk hoopt te brengen, concludeer je dat deze oplossing afvalt. Hoor ik dat goed?' Als de cliënt ter bevestiging knikt, dan keer je terug naar stap 4 en vraag je om een nieuwe oplossing.

Level 3 in de praktijk: een voorbeeld

In dit hoofdstuk heb ik op diverse plaatsen korte fragmenten weergegeven van het coachingsgesprek volgens de MCG in level 3. Ik eindig dit hoofdstuk met een verslag van een volledig coachingsgesprek. Het gaat om een gesprek tussen de vertrouwenspersoon van een regionaal ziekenhuis en een daar werkzame verpleegkundige.

Stap 1: Het verhaal

Coach: 'Vertel eens.'

Cliënt: 'Ik heb heel veel last van Ger, mijn collega. Het lijkt wel of hij steeds met mij bezig moet zijn. Als ik met hem werk, kost me dat bakken energie. Het is best gek, want er is eigenlijk niets gebeurd. Dat maakt het ook moeilijk om erover te beginnen, maar ik wil het toch aan je kwijt. Als ik eerlijk ben voel ik me ontzettend geïntimideerd. Ik zie er tegenwoordig gewoon tegenop om naar mijn werk te gaan als ik weet dat hij ook dienst heeft. Het begon eigenlijk vrij onschuldig. Toen ik hier drie maanden geleden kwam werken, merkte ik wel dat Ger me aardig vond. Hij maakte bijvoorbeeld vaak grapjes en keek dan vooral mijn kant op. Ik reageerde vanaf het begin nogal neutraal op hem, een beetje afstandelijk zelfs, maar daardoor liet hij zich niet weerhouden. Steeds vaker trof ik een persoonlijk briefje van hem aan op het prikbord met ditjes of datjes. Op een bepaald moment zag hij dat ik medicijnen voor astma gebruikte. Hij vroeg daar ontzettend op door. Hij bleek op een longafdeling gewerkt te hebben. Mijn volgende dienst lag er een artikel over astma in mijn postvak. Die keer daarop, toen ik met hem werkte, wilde hij precies weten welke medicijnen ik gebruikte. Hij ging toen benadrukken dat ik wel goed mijn mond moest spoelen na het inhaleren! Dat schoot me echt in het verkeerde keelgat. Hij behandelde me als een klein kind. En het leek wel alsof alles wat hij tegen me zei een seksuele lading had. De manier waarop hij naar me keek en kijkt trouwens ook. De grapjes die hij maakt zijn ook vaak seksueel getint en hij bemoeit zich met álles wat ik zeg of doe.'

Coach: 'Mag ik je even onderbreken om te controleren of ik je tot dusverre goed heb begrepen? Je zegt dat je sinds drie maanden op deze afdeling werkt en dat je van begin af aan met een collega te maken hebt door wie je je, zoals je het zelf zegt, erg geïntimideerd voelt. Je voelt je als een kind door hem behandeld en veel van wat hij zegt, lijkt een seksuele lading te hebben. Klopt dat zo?'

Cliënt: 'Ja, zo is het helemaal. Ook bemoeit hij zich voortdurend met me. Of ik nu met een patiënt praat of met een collega in gesprek ben, steeds voel ik die ogen van hem die me overal volgen. Je kunt je niet voorstellen hoe hinderlijk dat is. Ik merk dat ik me onderhand meer op hem concentreer dan op mijn werk. En je moet weten dat ik nog steeds in mijn proeftijd zit.'

Coach: 'Je gaf zojuist het voorbeeld van het artikel over astma dat hij in je postvakje deponeerde toen hij gehoord had dat je astma hebt. Kun je nog een ander voorbeeld geven van concreet gedrag dat je hindert?'

Cliënt: 'Jazeker. Laatst liep hij zelfs met me mee naar de wc, omdat hij dat zogenaamd "gezellig" vond. Toen ik van het toilet kwam, stond hij nota bene in de gang op me te wachten! Ik probeer hem te ontlopen door bijvoorbeeld niet met hem pauze te nemen, maar hij weet het elke keer weer zo te draaien dat hij toch samen met mij gaat eten. Ik vind het ook heel vervelend wanneer hij met me naar huis fietst. Laatst hield hij me zelfs tegen bij het stoplicht! Alsof ik niet zelf een straat over kan steken … zo gênant.'

Coach: 'Ik vroeg om één voorbeeld, maar je noemt er spontaan zelfs drie!
Een andere vraag, als het mag. Je zegt ook dat je hem probeert te ontlopen. Kun je daar iets meer over zeggen?'

Cliënt: 'Ja, inderdaad, ik doe er van alles aan om hem te ontlopen. En ik negeer hem zoveel mogelijk, maar dat lijkt hem alleen maar te stimuleren in zijn gedrag. Ik zeg dan bijvoorbeeld dat ik met een ander in gesprek ben en even geen tijd heb. Wat hij nu al een paar keer gedaan heeft, is dat hij dan met een hoog stemmetje allerlei kinderachtige opmerkingen gaat maken. Laatst met de afscheidsborrel van Peter, een andere collega, vraagt hij me wel drie keer of ik ook kom. Ik ben uiteindelijk om hém niet naar die borrel gegaan. Ik had geen zin om hem daar wéér tegen te komen.'

Coach: 'Je hebt al heel wat verteld over de reden van je contact met mij. Ben ik nog iets vergeten te vragen wat belangrijk is om je verhaal te begrijpen?'

Cliënt: 'Nee, het belangrijkste heb ik gezegd. Het komt er hierop neer dat ik er niet goed de vinger op kan leggen, maar dat hij de hele dag met mij bezig lijkt te zijn. En dat hij het zo bereikt heeft dat ik ook steeds met hem bezig ben. Misschien is dat laatste wat hij wil. Maar dit is nu juist iets wat ik niet wil!'

Stap 2: Het probleem

Coach: 'Je hebt nu je verhaal verteld. Mag ik je nu vragen: wat is nu je grootste probleem?'

Cliënt: 'Waar ik het meest mee zit is dat Ger me steeds lijkt te volgen. Ik heb het gevoel dat hij meer van me wil dan een gewone collega zijn. Ik heb er veel last van en zie er zelfs tegenop om naar het werk te gaan, zeker als ik weet dat Ger ook dienst heeft.'

Coach: 'Als ik je goed begrijp, is je grootste probleem dat Ger je steeds lijkt te volgen en meer van je lijkt te willen dan collega's zijn?'

Cliënt: 'Ik wil dat Ger hiermee stopt en de normale collegiale afstand bewaart en me niet steeds dicht op de huid zit. Aan de andere kant wil ik niet dat Ger of ik door dit hele "gedoe" uit het team moet. Dat speelt natuurlijk ook.'

Coach: 'Dus je grootste probleem is dat je wilt dat dit gedrag van Ger stopt zonder dat een van jullie uit het team moet.'

Cliënt: 'Zo is het!'

Stap 3: De gevoelens

Coach: 'Dat is waar je het meeste mee zit. Wat voel je hierbij?'

Cliënt: 'Het is zo'n gevoel dat ik bij astma ook wel eens heb, een gevoel dat je niet goed adem kunt krijgen.'

Coach: 'Astma, zeg je; het klinkt alsof je je erg benauwd voelt? Ik ken dat astmagevoel zelf niet, maar ik hoor wel eens dat het ook angstig is.'

Cliënt: 'Ja, het is een benauwd gevoel. Ja, ik voel me gevangen.'

Stap 4: De oplossing

Coach: 'Je grootste probleem is dat je wilt dat dit gedrag van Ger stopt zonder dat een van jullie uit het team moet. Dit benauwt je ook. Wat zou je nu zelf het liefst aan je probleem willen doen?'

Cliënt: 'Het liefst zou ik naar hem toestappen en zeggen dat hij hiermee op moet houden, omdat ik het zo niet langer trek. Ik denk dat hij zich helemaal niet realiseert wat dit met me doet.'

Stap 5: De haalbaarheid

Coach: 'Dus je wilt het liefst naar hem toestappen om te zeggen dat hij ermee moet stoppen je op de huid te zitten? Klopt dit zo? Zo ja, is dit voor jou haalbaar?'

Cliënt: 'Ik vrees van niet. Als ik dat gedurfd had, dan zou ik dat al eerder gedaan hebben en geen contact met je hebben gezocht.'

Coach: 'Dan valt deze oplossing af en moeten we deze dus doorstrepen. Wat zou je dán het liefst zelf willen doen?'

Cliënt: 'Dan denk ik dat ik het beste met mijn verhaal naar de teamleider kan gaan om hem te vertellen waar ik last van heb. Ik vraag me af of hij er al niet iets van gezien heeft. Zoiets zie je toch, lijkt me!'

Coach: 'Je oplossing is nu: met je verhaal naar je teamleider gaan. Is deze oplossing haalbaar?'

Cliënt: 'Moeilijk, moeilijk, maar ik moet wel. Anders ga ik eraan onderdoor. En dat wil ik helemáál niet!'

Stap 6: De uitvoering

Coach: 'Oké, je oplossing is met je verhaal naar de teamleider stappen. Ga je hier werk van maken?'

Cliënt: 'Ja, ik wil er niet aan onderdoor gaan. Ik loop morgen bij hem binnen en vraag of hij even tijd voor me heeft. Hoe eerder ik het gesprek heb gehad, hoe eerder ik weer rust krijg in mijn hoofd.'

Coach: 'Je loopt morgen bij hem binnen? Hoe ga je het gesprek aanpakken?'

Cliënt: 'Ik zeg dat ik al weken ergens mee zit en zeg hem dat ik zonder zijn hulp ermee blijf zitten.'

Coach: 'Hoe ga je dan verder?'

Cliënt: 'Ik vertel hem precies hetzelfde verhaal als ik nu net aan jou heb verteld. Ik geef ook de voorbeelden waar jij mij net naar vroeg. Ik heb er lang mee rondgelopen, omdat ik niet precies de vinger op de wond kon leggen. Maar toen ik je die voorbeelden gaf en je zei "ik vroeg één voorbeeld en je gaf er drie", toen besefte ik dat ik het harder kan maken dan ik dacht. Want ik weet zeker dat de teamleider ook om voorbeelden zal vragen. En ik heb wel vier voorbeelden, want het artikel over astma dat Ger in mijn postvak dropte, vertelde ik eerder al.'

Coach: 'Je hebt er dus wat meer vertrouwen in na ons gesprek. Dat is fijn om te horen. Hoe zal hij op je verhaal reageren, denk je?'

Cliënt: 'Dat weet ik niet. Ik hoop dat hij me begrijpt. Het ergste wat er zou kunnen gebeuren is dat hij besluit dat Ger of ik uit het team moet. Maar nu ik er zo over nadenk, is de kans toch niet groot. Ger heeft geen misdaad begaan en ik ook niet. Ger moet gewoon stoppen zich zo met mij te bemoeien. Daar gaat het eigenlijk om.'

Samenvatting

Stap 1: Het verhaal

- Vragen helpen je om nog beter het verhaal te zien door de bril van de cliënt. In level 3 stel je daarom ten minste drie vragen.
- Andere functies van het stellen van vragen zijn: ze nodigen uit tot antwoorden; ze zetten aan tot denken; ze geven je waardevolle informatie; ze zorgen ervoor dat je grip houdt op het gesprek; ze zorgen ervoor dat mensen zich voor je openen; ze leiden tot beter luisteren; ze zorgen ervoor dat mensen zichzelf overtuigen.
- Enkele belangrijke tips bij het stellen van vragen zijn: ga van algemeen naar specifiek; begin met gemakkelijke vragen; houd je vragen eenvoudig; pauzeer nadat je een vraag hebt gesteld; probeer via je vragen chronologie in het verhaal te krijgen; stel vooral open vragen; wees niet bang naïeve vragen te stellen.
- Combineer vragen stellen met spiegelen.
- Houd stap 1 kort.

Stap 2: Het probleem

- Als je het probleem goed en bondig omschrijft, kan de cliënt tot de ontdekking komen dat er nog een schil onder zit: een essentiëler probleem. Hij zal dan het probleem herformuleren, vaak via een chaotisch antwoord.

- In level 3 vat je dit antwoord kort samen.
- Je doet steeds een nieuwe poging het probleem samen te vatten als de cliënt je corrigeerde omdat je niet correct samenvatte.

Stap 3: De gevoelens

- Als iemand na de vraag 'Wat voel je bij je probleem?' in zijn antwoord geen gevoelswoord noemt, staan je vier manieren ter beschikking om de cliënt te helpen zijn gevoelens te uiten.
- De eerste manier is de non-verbale signalen, die de cliënt toont als hij de gevoelsvraag beantwoordt, vertalen in een gevoel.
- De tweede manier is gevoelens vertalen die besloten liggen in de woorden of uitdrukkingen die de cliënt gebruikte in zijn antwoord op de vraag naar het gevoel.
- De derde manier om gevoelens aan de oppervlakte te brengen, is dat je zegt wat je zelf zou voelen als je je in dezelfde situatie zou bevinden als de cliënt. Of dat je zegt wat anderen die in hetzelfde schuitje zaten dan voelen.
- Een vierde manier om een gevoel bij een probleem aan de oppervlakte te brengen, is er gewoon een slag naar slaan en daarbij zeggen dat je een gok waagt.
- De eerste twee manieren hebben de voorkeur.
- Als de cliënt je gevoelsreflectie bevestigt, wacht je even om genoemd gevoel even bij de cliënt te laten bezinken.
- Als de cliënt drie à vier seconden niets zegt en geen aanstalten maakt om iets te gaan zeggen, ga je door naar de volgende stap.

Stap 4: De oplossing

- Als de cliënt jou corrigeert, omdat hij de samenvatting niet goed vindt of als hij zichzelf corrigeert, doe je nu een nieuwe poging.
- Je gaat ermee door tot de cliënt akkoord is.

Stap 5: De haalbaarheid

Idem als in level 2.

Stap 6: De uitvoering

- In level 3 vraag je de cliënt hoe hij zijn oplossing in de praktijk gaat brengen.
- Zo vergroot je zijn motivatie, verminder je zijn angsten en kun je mogelijke problemen en valkuilen tijdig op het spoor komen.
- De uitvoering of een deel ervan kun je voorbereiden via een rollenspel.
- Een van de redenen dat je (uitgebreid) stilstaat bij de uitvoering van de oplossing is om na te gaan of een oplossing daadwerkelijk uitvoerbaar is. Indien blijkt dat de oplossing niet uitvoerbaar is, ga je terug naar stap 4.

7

Level 4 De ideale bondige probleem-omschrijving

In de vorige levels kreeg je over elk van de zes stappen behapbare brokjes informatie, zodat je via de weg van de geleidelijkheid de coachingmethode onder de knie kon krijgen en in steeds meer situaties kon toepassen. Dit hoofdstuk is gewijd aan slechts één stap, die van de bondige probleemomschrijving.

Omdat een correcte bondige probleemomschrijving de cliënt enorm helpt om te begrijpen waar hij mee worstelt en hij zo een grote stap richting een oplossing kan zetten, is stap 2 het belangrijkste onderdeel van de MCG. Of zoals Albert Einstein het zei: 'We moeten eerst het probleem definiëren. Als ik een uur had om de wereld te redden, dan zou ik 59 minuten besteden aan het definiëren van het probleem en 1 minuut aan het oplossen ervan.'

Zoals deze, wellicht grootste, geleerde van de twintigste eeuw met zijn uitspraak duidelijk maakt, is het omschrijven van het probleem het moeilijkste onderdeel van het oplossen van een probleem. Het vraagt telkens veel concentratie en inlevingsvermogen om uit de 'gedachtenhutspot', die de cliënt produceert op de superlatiefvraag, de belangrijkste woorden te halen en die zodanig te combineren dat de zin niet alleen kort is, maar ook goed loopt en de cliënt zich erin herkent.

In dit level leer je hoe je de probleemomschrijving via een bepaalde zinsconstructie zodanig kunt formuleren dat de cliënt zijn probleem nog beter begrijpt en hoe hij zo een nog grotere sprong kan maken richting het oplossen van zijn probleem.

'Je wilt, maar...'

Om je kennis te laten maken met de 'hogeschool van de MCG', zoals een cursist dit eens formuleerde, kies ik voor een praktijkvoorbeeld. Ik begin weer met stap 1, het verhaal:

'Ik ben teamleider en geef leiding aan twaalf medewerkers. Een van mijn taken is het maken van dienstlijsten. Een van mijn medewerkers schrapt de laatste tijd steeds de halve diensten waarvoor ze staat ingepland en maakt er dan hele diensten van. Om alles kloppend te maken, wijzigt ze ook op sommige andere plekken het rooster. Vier maanden geleden is echter afgesproken dat in ons team halve diensten draaien onvermijdelijk is. Die bewuste medewerkster lijkt hier het meeste moeite mee te hebben.

Ze wil alleen maar hele diensten draaien. Het is een impulsieve, voortvarende medewerkster die haar werk goed doet. Op het punt van inroosteren blijkt ze nu echter eigenzinnig. Zoals ik haar heb leren kennen staat ze open voor feedback. Ik kan ook heel goed met haar overweg. Mogelijk dat ik daarom aarzel met haar het gesprek aan te gaan.'

Op de superlatiefvraag ('Wat is nu je grootste probleem?') antwoordde de teamleider: 'Ik vind dat de medewerkster iets doet wat echt niet kan. Je kunt niet zomaar, zonder overleg, diensten veranderen. Stel je voor dat iedereen dit zou doen! Dan wordt het een grote rotzooi. Dat ze zo mijn gezag onderuithaalt, is nog niet eens waar ik het meeste mee zit. Ik ben niet zo'n machtstype.'

Conform de richtlijnen van level 3 en 4 zou een korte probleemomschrijving hier (kunnen) zijn: 'Je zit ermee dat een medewerker zonder overleg het rooster verandert. Vat ik het zo goed samen?'

Een betere omschrijving is: 'Je wilt de medewerkster zover krijgen dat zij zich aan het dienstrooster houdt, maar je weet niet hoe dit te doen c.q. hoe haar zover te krijgen. Klopt dit?' Deze laatste omschrijving voldoet aan de richtlijnen van level 4 die ik nu uit de doeken wil doen. (Hierbij zijn de woorden 'zonder overleg het rooster verandert' omgezet in het synoniem 'zich houden aan het rooster'. Dit is gedaan omdat met een positieve formulering – iets wel doen – beter te werken valt dan met een negatieve. Later licht ik dit nog toe.)

Let om te beginnen in deze omschrijving op de woorden 'wilt', 'maar' en 'je weet niet'.

De ideale bondige probleemomschrijving dient altijd met het werkwoord 'willen' te beginnen. Het tweede deel van de zin dient altijd het werkwoord 'kunnen' of 'weten' of beter gezegd 'niet kunnen' of 'niet weten' te bevatten. Tussen het werkwoord 'willen' en 'kunnen/weten' staat altijd het voegwoord 'maar'. De basisstructuur van de ideale probleemomschrijving is daarom: 'Als ik je goed begrijp wil je …, maar kun/weet je niet … Klopt dit?'

Waarom dient het eerste deel van de zin het werkwoord 'willen' te bevatten? Welnu, iets is voor iemand alleen een probleem... als hij iets wil en het niet heeft. Als er geen sprake is van willen (wensen of verlangen), dan is er geen probleem. Loopt iemand bijvoorbeeld een bevordering (of een studiedag) mis, dan is dat slechts een probleem als hij deze graag wilde. Als hij er niet op stond, is er voor hem niets aan de hand en komt hij niet in actie. Hij zal er mogelijk zelfs geen enkele gedachte aan wijden. Zodra iemand heeft wat hij wil, stopt het willen. Hij is waar hij wil zijn.
Bij een probleem is er echter sprake van onvrede met de huidige situatie. Hij wil iets niet meer (waar hij last van heeft) of juist wel iets (wat hij nog niet heeft en waar hij erg naar verlangt). Willen zet aan tot beweging. Willen is voorwaarts gericht. Als iemand een probleem heeft, dan wil hij 'iets'. Als coach dien je bij het bondig formuleren van het probleem vooral te proberen om dit 'iets' helder te omschrijven, maar daarover dadelijk meer. De cliënt wil iets, maar het probleem is dat hij iets (nog) niet kan of weet, vandaar dat na het voegwoord 'maar' een zin met 'niet kunnen' of 'niet weten' dient te volgen.

★ Wat behelst dat 'iets' wat de cliënt graag wil? Antwoord: waarden nastreven die belangrijk voor hem zijn. Denk hierbij aan waarden als vriendschap, geluk, gelijkheid, erkenning, vrijheid, iets bereiken, plezier, enzovoorts. (Zie ook het nevenstaande kader.)

Deze waarden worden in 99 procent van de gevallen niet uitgesproken door de cliënt, maar zijn af te leiden uit wat hij zegt. In het voorbeeld waarbij de teamleider wil dat de medewerkster zich houdt aan de beleidsafspraken wat betreft dienstrooster en werktijden, gaat het (waarschijnlijk) om waarden als erkenning (van het leiderschap) en gehoorzaamheid of loyaliteit aan de instelling.

Waarden

De psycholoog Milton Rokeach (1918-1988) is bekend geworden door zijn indeling van waarden. Hij onderscheidde 18 eindwaarden (doelen die je in je leven wilt realiseren) en 18 instrumentele waarden (doelen op het gebied van gedrag bij het realiseren van de eindwaarden)

Instrumentele waarden	Eindwaarden
Ambitie	Echte vriendschap
Behulpzaamheid	Een comfortabel leven
Beleefdheid	Een mooie, zuivere wereld
Competentie	Een stimulerend leven
Eerlijkheid	Eeuwig leven
Gehoorzaamheid	Iets bereiken
Intelligentie	Gelijkheid
Liefde	Geluk
Logica	Innerlijke harmonie
Moed	Nationale veiligheid
Netheid	Plezier
Onafhankelijkheid	Sociale erkenning
Opgewektheid	Volwassen liefde
Ruimdenkendheid	Vrijheid
Verantwoordelijkheid	Wereldvrede
Verbeelding	Wijsheid
Vergevingsgezindheid	Zekerheid voor het gezin
Zelfbeheersing	Zelfrespect

Het eerste deel van de ideale zinsopbouw voor de probleemdefinitie gaat over deze waarden ('Je wilt...'), maar dan volgt een 'maar' en een 'niet kunnen' of 'niet weten'. Wat staat het handelen of streven in de weg? Waarden die ook voor hem belangrijk zijn en die in het gedrang komen als hij doet wat hij het liefst wil doen. Als de teamleider zijn medewerk-

ster op het matje roept, verliest hij mogelijk de sympathie van de gewaardeerde medewerkster.
Als 'geliefd zijn' voor de teamleider een belangrijke waarde is, dan kun je je voorstellen dat het voor hem niet gemakkelijk is zo'n gesprek aan te gaan. Vaak betekent 'niet weten' of 'niet kunnen': piekeren over de vraag hoe ervoor te zorgen dat het overeind houden van de ene waarde niet ten koste gaat van de andere waarde. De teamleider kan bijvoorbeeld besluiten de eigengereide medewerkster ter verantwoording te roepen en daarbij het risico van verlies van sympathie proberen te beperken door in dit slechtnieuwsgesprek de medewerkster te prijzen voor haar inzet en het openstaan voor feedback.
In de fase van de probleemomschrijving is de oplossing nog niet aan de orde. Dat gebeurt pas in de hogere stappen. Je ziet aan dit voorbeeld wel dat een goede probleemomschrijving de oplossing een stuk dichterbij brengt. Zonder de waarden expliciet te formuleren gaat de cliënt – veelal zonder er zich volledig bewust van te zijn – inzien dat er sprake is van een waardenstrijd.

★ De meeste problemen zijn dus in de kern zoektochten om twee waarden met elkaar te verzoenen.

In het voorbeeld van de teamleider was er wat puzzel- en graafwerk nodig om te ontdekken om welke waarden het ging.
Soms gaat het bij een probleem zo evident om een dilemma, waarbij de cliënt tussen waarden moet kiezen, dat je dit meteen al uit de probleemomschrijving kunt halen. Zoals bij de probleemomschrijving die in het vorige hoofdstuk genoemd werd: 'Je worstelt met het maken van een goede keuze, namelijk je irritatie uiten met het risico je eigen glazen in te gooien of verstandig doen en 'braaf' solliciteren?' Hier zijn de waarden heel zichtbaar: rechtvaardigheidsgevoel en genoegdoening op korte termijn (met het risico dat het niets oplevert) versus de kans op behoud van de baan en de beoogde positie.

Bij een dergelijk probleem moet de cliënt proberen een antwoord te vinden op de vraag 'Welke waarde moet ik uiteindelijk laten prevaleren?' Omdat waarden de bronnen zijn van onze normen en principes, en die weer van onze gedragscodes en besluiten, is er bij botsende waarden steeds sprake van een hevige innerlijke strijd. Een strijd die de nodige geestelijke energie vraagt. Bij andermans probleem hebben we minder last van deze botsende waarden. We maken een rationele afweging en zien de oplossing vaak al snel voor ons. We begrijpen dan vaak ook niet waarom de ander deze oplossing ook niet ziet, ja, zelfs niet allang heeft uitgevoerd.

Waarden expliciet in de omschrijving benoemen?

Als de kern van een probleem in de meeste gevallen een strijd tussen waarden is, zou de ideale probleemformulering dan niet beter een zin kunnen zijn waarin de waarden expliciet worden benoemd? Bijvoorbeeld via een uitspraak als deze: 'Dus als ik je goed begrip wil je aan de ene kant graag als leidinggevende je autoriteit en geloofwaardigheid behouden, maar weet je aan de andere kant niet goed hoe dit te doen zonder het risico haar sympathie te verliezen?'
Er zijn twee redenen om hier niet voor te kiezen.
De eerste is een praktische. Het is uitermate moeilijk: het vraagt heel veel empathisch vermogen en razendsnel denkwerk om als coach een probleem meteen in waarden te vertalen. Neem bijvoorbeeld het probleem nu eens in gedachten waarmee het eerste hoofdstuk opende. Het probleem van de man die zich afvroeg of hij vreemd zou gaan nu zijn vrouw had aangegeven dat voor haar het boek intimiteit en seks gesloten was. Zou je meteen dit probleem kunnen vertalen in waarden?
De tweede, hiermee nauw samenhangende, reden is: de kans dat je ernaast zit, is erg groot. Achter een en hetzelfde probleem kunnen immers heel veel verschillende waarden liggen die ook nog eens per persoon erg

kunnen verschillen. Bij de teamleider die de medewerkster wil aanspreken op het naleven van afspraken kan het in plaats van om 'geloofwaardigheid', 'respect', 'gehoorzaamheid' of 'loyaliteit aan de instelling' ook gaan om de waarden 'behouden van controle' of 'zichzelf manifesteren'. Als je in je bondige formulering de verkeerde waarden benoemt, loop je het risico dat de cliënt je niet-begrijpend aankijkt of erger: zich veroordeeld voelt.
Daar komt nog bij dat bepaalde waarden voor menigeen een negatieve bijklank hebben. Niet iedereen wil zich laten voorstaan op waarden als 'zichzelf manifesteren' of 'zich laten gelden'. Of denk opnieuw terug aan het probleem waar hoofdstuk 1 mee opende. De man gaf eerlijk toe dat hij nog steeds behoefte had aan seks, en dat deze behoefte zo sterk was dat hij overwoog deze behoefte te bevredigen bij een vreemde. Dit wil zeggen door – weliswaar met toestemming van zijn vrouw – vreemd te gaan. Veel mannen willen echter niet graag geassocieerd worden met de waarde 'puur seks om de seks', dus los van enige genegenheid.

Twee keer 'willen'

Als ik tijdens trainingen de ideale zinsconstructie ('Je wilt dus ..., maar kunt niet ...') behandel, weet ik op voorhand dat ik de volgende opmerkingen/vragen krijg: 'De bondige probleemomschrijving begint met de zin "Je wilt dus ...", maar twee stappen later volgt de vraag "Wat zou je er nu het liefst zelf aan willen doen?" Twee keer dus het werkwoord "willen". Wat is het verschil tussen het eerste en het tweede "willen"? Is er wel een verschil?'

★ Welnu, het 'willen' bij de probleemdefinitie heeft altijd betrekking op wat de cliënt uiteindelijk wil bereiken, zijn einddoel. Hij wil dat het probleem is opgelost of dat hij er beter mee kan omgaan.
Het 'willen' van de favoriete oplossing is van een andere orde. Het verwijst

– of beter: het hoort te verwijzen! – naar de actie(s) of het middel om het doel te bereiken.

Om een vergelijking te gebruiken: het 'willen' in de probleemomschrijving is het reisdoel (bijvoorbeeld Rome), het 'willen' in de favoriete oplossing is het middel om dat reisdoel te bereiken (bijvoorbeeld het vliegtuig nemen, of reizen per trein of met de auto).
Laat ik ter verduidelijking weer het voorbeeld erbij nemen waarmee ik de theorie in dit hoofdstuk tot nu toe steeds toelichtte. Bij de teamleider was het einddoel: de medewerkster zover krijgen dat zij zich aan het dienstrooster houdt. Een middel om dit te bereiken is dan: het gesprek aangaan. Twee andere middelen zijn: een e-mail sturen of een berisping geven.

Voordeel van de ideale bondige omschrijving

Het voordeel van een omschrijving met de kernwoorden 'willen', 'maar', en 'niet weten/kunnen' is dat het probleem er veel helderder door wordt. Troebelheid verandert in transparantie. De cliënt ziet nu beter wat de essentie van zijn probleem is. Ook het antwoord op de vraag 'Hoe het probleem op te lossen?' (het hoofdthema van stap 4) komt plots een stuk dichterbij. Vooral het woord 'willen' in de probleemomschrijving is van cruciale betekenis. Het formuleert immers een doel. Volgens de Amerikaanse organisatiepsychologen Edwin Locke en Gary Latham (1990), die er 35 jaar onderzoek naar deden, heeft het formuleren van een doel vier nuttige functies. Een doel:

1. geeft richting;
2. geeft energie;
3. heeft een positieve invloed op het doorzettingsvermogen;
4. stimuleert het gebruik en ontwikkelen van strategieën en kennis om een doel te bereiken.

Met andere woorden, een probleemomschrijving die begint met het werkwoord 'willen', rolt als het ware het tapijt uit voor stap 4. De stap waarin de actie moet worden benoemd om het doel te bereiken.
Een goede probleemomschrijving doet nog meer. Het maakt zowel voor de cliënt als voor jou als coach duidelijk om wat voor soort probleem het gaat. Zoals ik in het voorwoord betoogde, zijn er drie soorten moeilijkheden waar mensen mee kunnen worstelen:

1. wat-moet-ik-doen problemen of korter: wat-problemen;
2. hoe-doe-ik het problemen of korter; hoe-problemen;
3. hoe-ga-ik-er-mee-om problemen ofwel beperkingen .

Elk van deze moeilijkheden heeft een eigen 'vervolgtraject' en alleen de eerste categorie leent zich voor toepassing van de MCG (in zijn pure vorm). Het wordt vaak als een doodzonde of kunstfout gezien als een auteur zich in een boek schuldig maakt aan een herhaling. Vanwege het grote belang onderscheid te kunnen maken tussen de drie vormen van moeilijkheden, veroorloof ik me op deze plaats toch een herhaling. Ik leid deze in met een korte toetsvraag. Hiermee kun je zelf beoordelen of je baat hebt bij deze herhaling of dat je de rest van deze paragraaf kunt overslaan. Als je dat laatste doet, dan mis je wel wat ik in het eerste hoofdstuk beloofde op een later moment te vertellen: de belangrijkste reden waarom je beter geen adviezen kunt geven.
Ik ben blij dat je er nog bent en ervoor kiest om verder te lezen. Bekijk nu de drie volgende probleemomschrijvingen en probeer te bedenken om welke van de drie genoemde moeilijkheden het gaat.

1. Je (een leidinggevende) wilt overuren maken, maar ook je vrouw en gezin tevreden houden. Je weet echter dat ze niet blij zullen zijn als je nóg meer gaat werken. Je weet niet hoe je dit kunt combineren.

2. Je (een student) wilt dat je je bij het maken van je huiswerk niet zo gemakkelijk laat afleiden door andere zaken zoals social media, maar je weet niet hoe dat voor elkaar te krijgen.

3. Je (een moeder waarvan de dochter sinds een week in een gesloten jeugdzorginstelling verblijft) wilt dat je voortaan vrij bent van alle zorgen, maar je weet niet hoe dit te bereiken.

De eerste moeilijkheid valt in de categorie 'botsende waarden' en is dus een (echt) probleem. De cliënt voert een innerlijke strijd tussen enerzijds werkplezier, loyaliteit jegens het bedrijf en ambitie, en anderzijds huwelijksgeluk en loyaliteit jegens het gezin. Dit is de categorie waarbij je je als coach te allen tijde moet onthouden van adviezen.

Ik heb je al eerder een hele reeks argumenten gegeven waarom je beter geen adviezen kunt geven. Ik gaf toen ook aan dat ik het belangrijkste argument voor dit hoofdstuk zou bewaren. Het belangrijkste argument, en nu komt het, is namelijk: je kunt als buitenstaander nooit oordelen over het gewicht dat de cliënt toekent aan de waarden. In het voorbeeld van

zojuist weegt voor jou mogelijk het huwelijksgeluk het zwaarst, maar voor de leidinggevende is zijn ambitie en zijn carrière in deze fase van het leven misschien belangrijker. En je weet ook nooit of iemand die jou een probleem voorlegt, alles vertelt. Mogelijk verzwijgt 'het drukke baasje' dat hij 'overwerkt', omdat hij een geheime relatie heeft (en mogelijk zet zijn vrouw hem de laatste tijd onder druk, omdat ze er lucht van kreeg).
Aan het daadwerkelijk oplossen van problemen die in deze categorie vallen, gaat – zoals ik eerder aangaf – vaak een hevige innerlijke worsteling vooraf. Vaak schrikt iemand terug als het tot de uitvoering van een oplossing komt.
De tweede omschrijving valt in de categorie 'hoe-problemen'. Dit is de enige categorie van moeilijkheden die een uitzondering vormt op de vuistregel 'geef nooit adviezen'. De cliënt heeft hier immers al duidelijk zelf gekozen voor een belangrijke waarde, maar weet niet hoe deze te realiseren. Bij dergelijke hoe-problemen is het vinden en kiezen van een oplossing veel gemakkelijker dan bij echte (waarden)problemen. In hoofdstuk 10 maak je kennis met een variant van de MCG waarmee je iemand met een hoe-probleem kunt helpen.
De derde omschrijving van de toetsvraag valt in de categorie 'beperkingen', dit wil zeggen moeilijkheden die onoplosbaar zijn. Ze vallen onder de noemer 'noodlot'. De moeder heeft namelijk de irreële of onmogelijke wens om haar moederinstinct (en de hieruit voortvloeiende moederlijke zorgen voor haar dochter) uit te schakelen. Net als een verlies door overlijden, een besluit van de overheid, of de beurskoersen gaat het om een voldongen feit waarmee de moeder moet leren leven. Want is een moeder die zich geen zorgen maakt over haar kinderen nog wel een moeder? Als coach kun je bij beperkingen geen adviezen geven. Iedereen gaat immers anders met verlies om. Het verwerken kun je nauwelijks versnellen en al helemaal niet verzachten. Het 'leren leven met' is vaak een moeizame en lange weg die de betrokkene zelf moet afleggen. Als coach kun je iemand hier alleen maar emotioneel bij steunen. In hoofdstuk 11 lees je hoe je met een variant op de MCG dit kunt doen.

Concentreer je op sleutelwoorden

Na dit lange 'pleidooi' voor de ideale bondige probleemomschrijving volgt nog een korte waarschuwing. Het is verre van gemakkelijk om antwoorden op de superlatiefvraag om te zetten in de favoriete zinsconstructie van zojuist. Ga er pas mee aan de slag als je de vorige levels goed beheerst. Anders heb je kans dat je in stap 2 al vastloopt en je de moed verliest om de methode je verder eigen te maken.

Als je zover bent dat je de eerste 3 levels goed beheerst, zul je voor level 4 er veel baat bij hebben als je, na het stellen van de superlatiefvraag, je concentreert op het belangrijkste woord of de belangrijkste woorden. Vervolgens zet je het werkwoord 'willen' ervoor, en je maakt je zin af met: 'je weet niet hoe dit te doen.'

Ik zal dit proberen duidelijk te maken aan de hand van een voorbeeld. Een vrouw vertelt haar coach dat ze er erg over inzit dat haar beste vriendin haar kinderen geestelijk mishandelt. Ze heeft het al een paar keer voorzichtig bij haar vriendin aangekaart, maar de boodschap leek niet over te komen. Als de coach haar vraagt naar haar grootste probleem, zegt ze: 'Dat ik zie dat gewoon praten met mijn vriendin niet helpt en het probleem niet oplost. Ik moet hulp inschakelen voor die kinderen, maar wil tegelijkertijd mijn vriendin niet laten vallen.'
Het zinnetje 'hulp inschakelen voor de kinderen' springt eruit. Daarom begin je de bondige probleemomschrijving met: 'Dus je wilt hulp inschakelen voor de kinderen van je vriendin, maar weet niet hoe dit te doen.' Maar je bent er nog niet helemaal, want het probleem is dat ze tegelijkertijd de vriendschap met haar vriendin wil behouden. Dit moet dan ook in de probleemdefinitie opgenomen worden. De bondige probleemomschrijving wordt dan: 'Dus je wilt hulp inschakelen voor de kinderen van je vriendin zonder dat je de vriendschap met haar verliest, maar weet niet hoe dit te doen.'

Level 4 in de praktijk: oefenen met drie voorbeelden

De vorige drie hoofdstukken eindigde ik steeds met een beschrijving van een verslag van een coachingsgesprek. Ik wil je aan het eind van dit hoofdstuk, waarin de focus lag op de bondige probleemomschrijving, op een andere manier vertrouwd maken met de toepassing van de MCG. En wel door je een drietal voorbeelden te geven van antwoorden die cliënten gaven op de superlatiefvraag. Ik vraag je vervolgens om de gegeven antwoorden om te zetten in een ideale probleemomschrijving. Aan het eind van deze paragraaf kun je je eigen antwoorden vergelijken met die van mij.

Op de vraag naar haar grootste probleem antwoordt een vrouw (34) die haar angsten uitspreekt over de gevolgen van een ophanden zijnde scheiding: 'Als we straks niet meer samenwonen, wil ik om financieel rond te kunnen komen minimaal vier dagen per week gaan werken. Het willen is ook voor een belangrijk deel noodzaak, want anders kom ik niet rond. Maar hoe kan ik dan nog genoeg tijd en aandacht schenken aan mijn dochter van zeven? Want ik wil niet alleen dat ze materieel niets tekortkomt, maar zeker ook niet qua aandacht. Want door de scheiding heeft ze het al moeilijk.'

Een andere moeder benoemt als haar grootste probleem: 'Mijn grootste probleem is dat mijn dochter tegenwoordig 's nachts zo laat thuiskomt. Soms zelfs na vieren. En dat ik van de zorgen dan geen oog dichtdoe. Maar hoe kan ik haar een halt toeroepen zonder het risico te lopen dat mijn dochter haar dreigement waarmaakt om op kamers te gaan wonen?'

Een jongen van 25 jaar: 'Mijn stiefbroer, hij is 16, heeft mij verteld over de criminele activiteiten (diefstal en drugs) waar zijn vrienden en ook hij zich aan bezondigen. Hier moet ik natuurlijk iets mee, want ik wil niet dat hij dit verkeerde pad verder op gaat en afglijdt. Maar als ik er iets mee doe, loop ik het gevaar dat hij me nooit meer iets vertelt en dat ik zijn vertrouwen beschaam, en dat wil ik ook niet.'

Mijn bondige omschrijvingen (bedenk dat die van jou beter kunnen zijn dan die van mij) voor de drie genoemde problemen, zijn achtereenvolgens:

- 'Je wilt na je scheiding meer gaan werken combineren met genoeg tijd en aandacht voor je dochter, maar weet niet hoe dit te doen.' Of: 'Je wilt na je scheiding meer gaan werken, zonder dat dit te veel ten koste gaat van de tijd en aandacht voor je dochter, maar weet niet hoe dit te doen.'
- 'Je wilt het nachtelijke thuiskomen van je dochter stoppen, zonder het risico te lopen dat ze op kamers gaat wonen, maar je weet niet hoe dit te doen.'
- 'Je wilt iets doen met de informatie die je van je stiefbroertje gehoord hebt, namelijk dat hij op het criminele pad is, maar wilt tegelijkertijd niet dat je zijn vertrouwen beschaamt, maar je weet niet hoe dit te doen.'

Samenvatting

- De basisstructuur van de ideale probleemomschrijving is: 'Als ik je goed begrijp wil je ..., maar kun/weet je niet ... Klopt dit?'
- Iets is alleen een probleem... als iemand iets wil. Als er geen sprake is van willen (wensen of verlangen), dan is er geen probleem.

- De cliënt wil iets, maar het probleem is dat hij iets (nog) niet kan of weet. Vandaar dat na het voegwoord 'maar' een zin met 'niet kunnen' of 'niet weten' dient te volgen.
- Het 'iets' wat de cliënt graag wil, is handelen volgens waarden die belangrijk voor hem zijn zoals vriendschap, geluk en erkenning.
- Vaak betekent 'niet weten' of 'niet kunnen': piekeren over de vraag hoe ervoor te zorgen dat het overeind houden van de ene waarde niet ten koste gaat van de andere waarde.
- Het tweede deel van de zin met de ideale probleemomschrijving dient te verwijzen naar het eerste deel. De zin voldoet hieraan als je in het eerste deel van de zin benoemt wat iemand wil en het tweede deel kort formuleert: 'maar je weet niet hoe dit te realiseren.'
- Het is verre van gemakkelijk om antwoorden op de superlatiefvraag om te zetten in de ideale probleemomschrijving. Als je aan de slag gaat met de MCG, kun je er beter pas mee beginnen als je de vorige levels goed beheerst.

8

Valkuilen bij de toepassing

Je stelt de cliënt de vraag 'Wat voel je bij je probleem?' Maar wat als hij geen gevoel uit? En wat te doen als de cliënt geen antwoord weet op de vraag 'Wat zou je nu het liefst zelf aan je probleem willen doen?' Deze twee moeilijkheden die zich bij de MCG kunnen voordoen, kwamen in het vorige hoofdstuk aan de orde. Als je de MCG toepast, kun je naast deze twee nog met diverse andere problemen en valkuilen te maken krijgen. Dit hoofdstuk is gewijd aan de meest voorkomende moeilijkheden. Je leert nu hoe je ze te lijf kunt gaan.

Je zult ook een aantal valkuilen tegenkomen waar ik eerder al voor waarschuwde, zoals 'de cliënt is het niet eens met de probleemomschrijving' en 'de cliënt komt met een oplossing die hem volgens jou niet verder helpt'. Ik breng ze in dit hoofdstuk in, omdat naar mijn ervaring een enkele waarschuwing niet volstaat om deze valkuilen te ontlopen. Tevens breng ik ze opnieuw onder de aandacht om zo tips te geven om verder te kunnen als je een dergelijke valkuil op je pad tegenkomt.

Stap 1
Het verhaal

In zijn legendarische tv-programma *Hier is... Adriaan van Dis* over literatuur interviewde Adriaan van Dis een keer de schrijver W.F. Hermans. Het kwam tot een kleine aanvaring.

Van Dis: 'Mag ik u even onderbreken?'
W.F. Hermans: 'Nee, u mag mij niet onderbreken. Ik ben helemaal uit Parijs gekomen om u te woord te staan. Mijn kostbare tijd moet u mij gunnen en u moet niet met vervelende onderbrekingen komen.'
Van Dis: 'Maar het is een vraaggesprek.'
W.F. Hermans: 'Nee, het is een vertelgesprek van mijn kant.'

Wat doe je als de cliënt, net als W.F. Hermans, maar blijft doorpraten en je niet de kans geeft om samen te vatten en vragen te stellen?
Mogelijk heb je geleerd dat het onbeleefd is om iemand niet te laten uitspreken en ben je daardoor bang dat de ander er ook zo over denkt en zal gaan protesteren als je deze fatsoensregel schendt. Het is inderdaad zo dat het ongepast is als je de ander onderbreekt om vervolgens je eigen verhaal te vertellen. Het is echter een ander verhaal als je iemand onderbreekt om diegene beter te kunnen begrijpen.

Het klinkt paradoxaal, maar hier is het dan juist een vorm van beleefdheid: je geeft er juist blijk van goed te (willen) luisteren en de ander serieus te nemen. Als je onderbreekt om een samenvatting te geven, merk je dat de cliënt dit bijna altijd waardeert.

Hoe kun je onderbreken om een samenvatting te geven? Soms helpt het om je mond te openen op het moment dat de cliënt je aankijkt. Hij kan daaruit afleiden dat je iets wilt zeggen. Een tweede mogelijkheid is dat je je mond opendoet en begint te praten: ‘Mag ik je even onderbreken?’ Ten slotte kun je ook non-verbaal aangeven dat je zelf even aan het woord wilt zijn. Dit kun je doen door je gezicht even af te wenden en met je hand een haltgebaar te maken. Deze laatste techniek werkt bijna altijd.

Stap 2
Het probleem

Stap 2 is, zoals het vorige hoofdstuk duidelijk maakte, het moeilijkst. Er kunnen zich diverse problemen en moeilijkheden in voordoen, met name:

- De cliënt gebruikt vage termen.
- De cliënt noemt twee of meer problemen.
- De cliënt geeft een zeer kort antwoord op de superlatiefvraag.
- Je bent het niet eens met de probleemomschrijving van de cliënt.
- De cliënt zegt dat hij wil dat iets niet gebeurt.

De cliënt gebruikt vage termen

Een verzorgende, die moeite had met een collega die haar steeds corrigeerde en controleerde, antwoordde op de superlatiefvraag ‘Wat is nu je grootste probleem?': 'Mijn gevoel en verstand op één lijn krijgen.' Iemand die niet beschikt over de informatie die in stap 1 is gegeven, moet bij het horen van de probleemomschrijving al grotendeels of helemaal kunnen begrijpen wat er aan de hand is. Op basis van een dergelijk antwoord is het niet mogelijk om een probleemomschrijving te formuleren die een buitenstaander meteen begrijpt. Want wat bedoelt de verzorgende hier met 'gevoel en verstand op één lijn krijgen'?

Als de cliënt onduidelijke begrippen of termen gebruikt, is het zaak hier vragen over te stellen met het doel ze te vervangen door concrete en duidelijke begrippen.

Aan de hand van het voorbeeld van de verzorgende laat ik je zien hoe je dit kunt doen.

Haar coach vatte het antwoord eerst samen tot een korte probleemomschrijving en stelde vervolgens een verduidelijkingsvraag: 'Je zegt, als ik je goed begrijp, dat je gevoel en verstand graag op één lijn wilt brengen, maar je weet niet hoe dit te doen. Kun je me uitleggen wat je bedoelt met "je gevoel en verstand op één lijn krijgen"?'
De verzorgende antwoordde: 'Verstandelijk weet ik wel dat ik me van het dominante gedrag van mijn collega niet zoveel moet aantrekken, maar mijn gevoel protesteert steeds. Ik wil beter met haar correcties en controles om kunnen gaan, maar dat lukt me nog niet.'
Haar coach gaf toen als probleemomschrijving: 'Je wilt om kunnen gaan met het dominante gedrag van je collega – wat zich uit in je corrigeren en controleren – maar je weet niet hoe dit te doen?'
Na een instemmende reactie van de verzorgende stelde de coach nog een vraag: 'Wat bedoel je precies met "beter ermee om kunnen gaan"?'
De verzorgende antwoordde daarop: 'Ik wil me de kritiek en correcties niet meer aantrekken. Ik word er zo onzeker van. En dat vind ik stom van mezelf, want ik weet zeker dat ik goed werk aflever. Ik wil

correcties en controles langs me af laten glijden.'
De coach reageerde hierop als volgt: 'Als ik je goed begrijp, wil je voortaan het dominante gedrag van je collega – wat zich uit in je corrigeren en controleren – langs je heen laten gaan, maar je weet niet hoe dit te doen?'
Hiermee stemde de medewerker in.

Zoals je ziet is de uitdrukking 'gevoel en verstand op één lijn' brengen helemaal uit de omschrijving verdwenen. Je ziet ook dat doorvragen op vage begrippen cruciaal kan zijn voor het vinden van een oplossing. Zodra een probleemomschrijving één of meer vage termen bevat, is er ruimte voor talloze interpretaties. Zoals ook blijkt uit het volgende voorbeeld.

Op de superlatiefvraag antwoordt een cliënt dat hij graag 'een meer gelijkwaardige relatie met collega Hans' wil. Een goede, maar nog wel vage probleemomschrijving hiervan is: 'Je wilt graag een meer gelijkwaardige relatie met je collega Hans, maar je weet niet hoe dit voor elkaar te krijgen.' Als de cliënt gevraagd wordt naar wat hij onder 'een gelijkwaardige relatie' verstaat, kan hij diverse antwoorden geven.
Zoals:
'Ik wil dat Hans mij voortaan niet meer behandelt alsof hij mijn meerdere is en stopt met mij opdrachten te geven.'
'Ik wil dat Hans zich voortaan niet zo onderdanig tegenover me opstelt. Ik vind het niet fijn dat ik steeds moet zeggen wat hij wel en niet moet doen. Ik ben zijn chef niet en dat wil ik ook niet zijn.'
'Ik wil dat Hans voortaan ongeveer evenveel werk verricht als ik, dus niet ten koste van mij de kantjes ervan afloopt.'

De mogelijke bijbehorende korte probleemomschrijvingen:
'Ik wil dat Hans ermee ophoudt me bevelen te geven, maar ik weet niet hoe ik dit voor elkaar krijg.'
'Ik wil Hans zover krijgen dat hij ermee ophoudt van mij te verlangen

dat ik als een chef hem opdrachten geef, maar ik weet niet hoe ik dat moet doen.'
'Ik wil dat Hans voortaan ongeveer evenveel werk verricht als ik (dus ophoudt de kantjes ervan af te lopen), maar ik weet niet hoe ik hem zover krijg.'

Dit voorbeeld maakt eens te meer duidelijk dat het verduidelijken van vage termen geen overbodige luxe is.

De cliënt noemt twee of meer problemen

Het komt regelmatig voor dat de cliënt als antwoord op de superlatiefvraag niet één maar twee problemen benoemt. Vaak heeft hij dit dan zelf niet in de gaten, maar realiseert hij zich dit pas als hij je samenvatting van zijn antwoord hoort. Zoals de medewerker die de volgende samenvatting kreeg voorgelegd: 'Dus je wilt je baas zover krijgen dat je de mogelijkheid krijgt een vervolgopleiding te volgen en je wilt geld bij elkaar krijgen om deze vervolgopleiding te kunnen betalen.' Hoe vervolg je nu het coachingsgesprek?
Als de cliënt met je samenvatting heeft ingestemd, stel en vraag je: 'Je noemt dus twee problemen. Welk van deze twee is het grootste?' Met het grootste probleem ga je vervolgens verder.
Als de cliënt geen keus kan maken, vraag je toch te kiezen. 'Het is verstandig om problemen één voor één aan te pakken. Elk probleem vraagt om een eigen oplossing.' Je kunt de cliënt laten weten dat na het bespreken van het eerst gekozen probleem het tweede aan de orde zal komen. Je kunt desgewenst ook het kleinste probleem het eerst aanpakken. Als iemand het kleinste probleem tot een goed einde heeft gebracht, zal hij met meer vertrouwen ook het grootste probleem durven aan te pakken.

Hoe het ook zij, kiezen voor één probleem voorkomt dat verder in het gesprek steeds twee problemen door elkaar gaan lopen en zo een oplossing bemoeilijken.

Als de cliënt twee problemen noemt, kan het ook zijn dat de schijn bedriegt en dat het in feite om één probleem gaat. De kunst is dan om dit in voorkomende gevallen op te merken en te verwoorden. In het voorbeeld van zojuist zouden de twee problemen mogelijk tot dit ene probleem teruggebracht kunnen worden: 'Je wilt graag je baas zover krijgen dat hij je de faciliteiten biedt, dat wil zeggen tijd én geld, om een vervolgopleiding te volgen, maar je weet niet hoe dit te doen.' Ter toelichting kun je dan nog zeggen: 'Onder tijd versta je dat je baas zijn fiat geeft je studie onder werktijd te doen. Hetzij helemaal, hetzij deels. Het laatste om bijvoorbeeld onder werktijd colleges te kunnen volgen.'

De cliënt geeft een zeer kort antwoord op de superlatiefvraag

Op de superlatiefvraag 'Wat is nu je grootste probleem?' gaf een leidinggevende als antwoord: 'Zijn attitude.' Dit is een voorbeeld van een andere moeilijkheid waar je op kunt stuiten in stap 2: de cliënt geeft een extreem kort antwoord. Hoe kun je als coach dit antwoord omzetten in een bondige probleemomschrijving die ook een buitenstaander, die geen weet heeft van wat in stap 1 is verteld, begrijpt. Dit is namelijk een belangrijk criterium voor een goede bondige probleemomschrijving.
De cliënt die een kort antwoord geeft, verwijst in zijn antwoord doorgaans naar wat hij in stap 1 heeft gezegd en laat deze informatie achterwege, omdat hij deze nu als bekend veronderstelt. Zo had de leidinggevende van het voorbeeld in stap 1 al verteld dat hij een medewerker in zijn team heeft 'die zijn plaats niet kent, omdat hij het altijd het beste weet. Hoewel

de medewerker een verpleegkundige is, gedraagt hij zich als een alwetende arts'.
Als coach kun je de informatie die de cliënt in stap 1 gaf, gebruiken om te komen tot een probleemomschrijving. Hier zou deze bijvoorbeeld kunnen zijn: 'Je wilt je medewerker zover krijgen dat hij zich in het team bescheidener gaat opstellen tegenover jou en je collega's, maar je weet (nog) niet hoe dit te doen.' Eventueel kun je er nog aan toevoegen: 'Onder bescheidener versta je, als ik je goed begrepen heb, met name dat hij zich voortaan onthoudt van stellige uitspraken als "Weet je hoe het zit?" en "Laat ik jullie eens uitleggen wat er precies aan de hand is."'
Op deze wijze heb je dus het antwoord 'zijn attitude' vertaald in de woorden die de cliënt zelf gaf.
Een tweede mogelijkheid om hier tot een bondige probleemomschrijving te komen, is dat je zegt: 'Mogelijk heb je het zojuist al gezegd, maar kun je me vertellen wat je onder attitude verstaat?' Het antwoord kun je dan gebruiken om te komen tot een bondige probleemomschrijving.
Ik geef nog een voorbeeld. Een cliëntmanager bij een jeugdzorginstelling gaf als antwoord op de superlatiefvraag: 'Moeilijk. Ik kan het niet zo goed omschrijven. Ik leen me ervoor, maar ik wil het niet. Het is ook niet leuk om te doen en het kost alleen maar tijd.'
Deze manager had in stap 1 uitgebreid verteld ervan te balen door zowel cliënten als collega-medewerkers gebeld te worden met crisisvragen die niet op zijn bordje hoorden, en die hij wel steeds beantwoordde. De coach maakte gebruik van deze informatie en gaf als probleemdefinitie: 'Als ik het goed begrijp wil je crisisvragen van cliënten en collega's die niet bij jouw functie horen voortaan afhouden, maar je weet niet hoe dat te doen.'
De samenvatting bleek meteen in de roos te zijn.

Je bent het niet eens met de probleemomschrijving van de cliënt

Stel dat de cliënt een probleem benoemt waarvan je denkt: volgens mij is er heel wat anders aan de hand. Moet je die gedachte dan voor je houden? Ja, hoe moeilijk dit in voorkomende gevallen ook kan zijn. Het gaat in stap 2 om te komen tot een probleemomschrijving zoals gezien door de bril van de cliënt. Of de cliënt zijn probleem 'goed ziet', doet er niet toe. Zoals de beroemde socioloog William Thomas ooit zei, is niet de realiteit of waarheid beslissend voor ons handelen, maar zoals we de werkelijkheid waarnemen. ('If men define things as real, they are real in their consequences.')
Is het daarnaast niet wat aanmatigend om als coach te denken dat je het beter weet dan de cliënt zelf? Bestaat er wel zoiets als 'de waarheid'? De profeet Mohammed zou, blijkens het volgende verhaal dat over hem wordt verteld, deze vraag zeker ontkennend hebben beantwoord:

De profeet kwam met een metgezel in een stad om er te prediken. Al spoedig voegde een aanhanger van zijn leer zich bij hem: 'Heer! In deze stad is het domheid alom. De bewoners zijn halsstarrig; ze willen niets leren. U zult geen van deze hardhoofdigen bekeren.' De profeet antwoordde vriendelijk: 'Je hebt gelijk!' Spoedig daarna kwam een andere volgeling stralend van vreugde naar de profeet toe: 'Heer! U bent in een gelukkige stad. De mensen kijken uit naar de juiste leer en openen hun hart voor uw woord.' Mohammed lachte vriendelijk en zei opnieuw: 'Je hebt gelijk!' Nu richtte zijn metgezel zich tot Mohammed: 'Heer, tegen de eerste zegt u dat hij gelijk heeft. Tegen de tweede, die precies het tegendeel beweert, zegt u ook dat hij gelijk heeft. Zwart kan toch niet wit zijn.' Mohammed antwoordde: 'Ieder mens ziet de wereld zoals hij verwacht dat ze is. Waarom zou ik hem tegenspreken? De ene ziet het kwade, de andere het goede. Zou jij zeggen dat een van beiden het fout ziet? Is het niet zo dat de mensen hier, net als overal elders, zowel goed als slecht zijn? Geen van beide mannen zei iets verkeerds, wel iets onvolledigs.' (Uit: Nossrat Peseschkian, 1990)

De cliënt zegt dat hij wil dat iets niet gebeurt

Een begeleider werkzaam in de verstandelijk-gehandicaptensector geeft als antwoord op de superlatiefvraag: 'Mijn grootste probleem is dat collega's zich niet houden aan de omgangsregels en afspraken rondom cliënt C. De afspraken hebben we nota bene in een begeleidingsplan vastgelegd en dan nog komt het om de haverklap voor dat medewerkers hier lijnrecht tegen ingaan. Ik snap dat niet. Belangrijker: ik wil dat niet, ik stoor me er vreselijk aan. Het gaat om een jongen met autisme en zulke jongens hebben juist heel veel behoefte aan vastigheden.'
Als je een cliënt vraagt naar zijn grootste probleem is het mogelijk dat hij, zoals in dit voorbeeld, wil dat iets voortaan niet meer gebeurt. De begeleider wil dat zijn collega's voortaan niet meer tegen de afspraken ingaan.

Probeer in je probleemomschrijving deze negatieve formulering om te buigen naar een positieve. Waarom? Het is immers veel gemakkelijker te constateren dat iets wel gebeurt dan niet.

Een positieve formulering in het voorbeeld zou kunnen zijn: 'Ik wil mijn collega's zover krijgen dat ze de afspraken nakomen die in het begeleidingsplan van C zijn vastgelegd, maar weet nog niet hoe dit te doen.' Met een positieve formulering voorkom je bovendien de dubbele ontkenning, zoals: 'Ik wil niet dat mijn collega's zich niet houden aan de in het begeleidingsplan vastgelegde afspraken rondom cliënt C.' Het maakt de zin nodeloos ingewikkeld.
Een negatieve formulering mist ten slotte vaak een duidelijk doel en laat veel vragen open. Zoiets als: 'Ik wil met vakantie niet naar Turkije, want ik kan niet goed tegen de hitte.'

Stap 3
De gevoelens

In deze paragraaf sta ik stil bij de volgende problemen of valkuilen die zich in stap 3 kunnen voordoen:

- De cliënt zegt niets of weinig te voelen.
- De cliënt weet geen raad met de gevoelsvraag.
- De cliënt reageert (onverwacht) met een positief gevoel.

De cliënt zegt niets of weinig te voelen

'Misschien vind je het gek, maar ik voel er niet zoveel bij.' Het kan zijn dat de cliënt op de gevoelsvraag een dergelijk antwoord geeft. Je las eerder dat dit erop kan wijzen dat de cliënt wellicht niet erg met het probleem zit. Vanwege zijn geringe lijdensdruk is de motivatie om iets aan het probleem te doen klein.

Als iemand zegt niet zoveel te voelen, kun je reageren met: 'Ja, dat kan.' Vervolgens ga je naar de volgende stap.

Uiteraard houd je wel in gedachte dat de cliënt waarschijnlijk weinig gemotiveerd is om hard aan een oplossing te werken. Maar heel zeker is dat laatste niet. Er kan immers nog een andere reden zijn waarom de cliënt weinig gevoelens bij het probleem ervaart.
Via de eerste twee stappen, en met name door stap 2, kan het hem duidelijk zijn geworden wat hem te doen staat. Doordat hij nu weet wat zijn probleem is, ziet hij plots perspectief. Soms zijn er maar een paar seconden nodig om de druk van de gevoelsketel te halen.

De cliënt weet geen raad met de gevoelsvraag

'Ik weet het niet.' Soms is dat het antwoord op de openingsvraag van stap 3. Soms komt er op deze vraag helemaal geen antwoord en vervalt de cliënt in stilzwijgen. Als men de cliënt dan even de tijd gunt, komt het antwoord soms alsnog, maar vaker komt er dan niets. De cliënt wil wel vertellen wat hij voelt, maar hij kan het niet. Zo'n negen tot zeventien procent van de mannen en vijf tot tien procent van de vrouwen heeft last van zogenaamde 'alexithymie' (Mattila et al., 2007). De letterlijke vertaling van dit uit het Grieks afgeleide woord is: 'geen woorden voor emoties'. Alexithyme personen zijn soms volledig emotieloos. Of ze hebben wel emoties, maar kunnen die niet benoemen. Ze zijn bijvoorbeeld bang, boos of verdrietig en kunnen hun gevoel niet onder woorden brengen. Doordat ze hun gevoelens niet kunnen delen met anderen, leiden ze vaak een armer sociaal leven.

Als er op de gevoelsvraag geen antwoord komt of een 'ik weet het niet' heeft het geen zin om te gaan zitten vissen. Je confronteert de cliënt dan nog meer met zijn onvermogen.

Je kunt dan beter zeggen: 'Dat kan.' En het gesprek daarna vervolgen met stap 4, de vraag naar de favoriete oplossing.
Een andere mogelijkheid is dat je na 'dat kan' vervolgt met: 'Kun je op een

schaal van 1 tot 10 aangeven hoe groot, voor je gevoel, je probleem is? Een 1 staat voor heel klein, een 10 staat voor heel groot.' Met deze vraag kan zelfs iemand met alexithymie zijn lijdensdruk goed kenbaar maken.

De cliënt reageert (onverwacht) met een positief gevoel

'Als ik je goed begrijp wil je slagvaardig optreden tegen vier personen van je team die tijdens je vakantieperiode tegen je zijn gaan samenspannen, maar je weet nog niet wat te doen?'
Stel dat in stap 2 dit je bondige probleemomschrijving was en dat de cliënt je zo liet weten dat je omschrijving klopt: 'Ja, inderdaad daar zit ik mee. Nu is het me helemaal duidelijk. Je zegt het precies zoals het is.'
Stel verder dat je na deze reactie naar stap 3 gaat en de cliënt vraagt: 'Wat voel je nu hierbij?' Gevraagd naar de gevoelens die hij bij zijn probleem heeft, zal een cliënt gevoelens noemen als onmacht, boosheid, schuldgevoel, spijt, schaamte of angst en nooit positieve gevoelens zoals blijheid, geluk of vreugde. Want wie is er blij met een probleem? Maar in het voorbeeld bestaat de kans dat de cliënt wel een positief gevoel benoemt en bijvoorbeeld reageert met: 'Opgelucht!'
Wat is hier aan de hand?
De cliënt heeft hier klaarblijkelijk niet zijn gevoel bij het probleem benoemd, maar wat hij voelde bij het helder krijgen van het probleem: 'Het is een pak van mijn hart nu te weten wat me dwarszit. En helemaal nu ik weet dat jij ook weet waar ik mee worstel.'
Deze 'spraakverwarring' of miscommunicatie kun je voorkomen door alvorens de gevoelsvraag te stellen eerst nog een keer het probleem te herhalen, liefst wat korter dan eerst. 'Goed, je wilt slagvaardig optreden, maar je weet nog niet wat te doen. Wat voel je hierbij?' Nu verwijst het woord 'hierbij' naar het probleem en niet naar het helder krijgen van het probleem.

Stap 4
De oplossing

Sommige van de lastigste problemen of valkuilen doen zich voor in stap 4, te weten:

- De cliënt geeft geen oplossing, maar herhaalt zijn probleem.
- De cliënt komt met een oplossing die niet aansluit bij het probleem.
- De cliënt komt met een oplossing die hem volgens jou niet echt verder helpt.
- Er blijkt geen oplossing te zijn.

De cliënt geeft geen oplossing, maar herhaalt zijn probleem

Een teamleider van een geriatrisch verpleeghuis vertelde in stap 1: 'Onze medewerkers ondervinden veel hinder van de partner van een jonge dementerende man. De vrouw is heel claimend, want als haar man moet plassen dan spreekt ze een medewerker meteen aan en als haar man niet binnen een minuut met de toiletgang wordt geholpen, dan spreekt ze een andere medewerker aan. Als haar man dan niet binnen drie minuten naar het toilet is geholpen, gaat ze klagen, ook bij mij. Ik merk dat mijn medewerkers steeds meer de kamer van meneer proberen te ontlopen als zij er is.'
In stap 2 ging de teamleider akkoord met de volgende probleemomschrijving: 'Je wilt dat het eisende gedrag van mevrouw stopt, zodat de relatie tussen verpleging en mevrouw weer normaliseert, maar je weet niet hoe dit voor elkaar te krijgen.'
Toen hem in stap 4 de superlatiefvraag over de oplossing van het probleem werd gesteld ('Wat zou je nu het liefst zelf aan je probleem willen doen?')

antwoordde hij: 'Ik wil dat mevrouw zich gewoon gedraagt, net als de andere familieleden, dus dat ze zich een beetje meer verplaatst in ons personeel. Dat ze begrijpt dat het personeel niet altijd het werk onmiddellijk kan onderbreken als mevrouw dat vraagt.'

Zie je wat er nu gebeurt? De leidinggevende herhaalt hier zijn probleem, maar nu in andere bewoordingen. Hoe hier verder? Het beste is hier de vraag nog eens te herhalen en te zeggen: 'Oké, dat is wat je wilt. Wat zou je het liefst zelf willen doen om dit te bereiken?'

Als antwoord kan de teamleider bijvoorbeeld geven: 'Ik kan een gesprek met haar aangaan, waarin ik haar uitleg welk effect haar gedrag op ons personeel heeft.' Een andere mogelijke oplossing: 'Ik kan een consultatiegesprek met de psycholoog van ons verpleeghuis aanvragen. Ik vraag hem dan hoe ik in deze situatie het beste kan optreden.'

De cliënt komt met een oplossing die niet aansluit bij het probleem

Op pagina 171 ('De cliënt geeft een zeer kort antwoord op de superlatiefvraag') kwam een cliëntmanager van een jeugdzorginstelling ter sprake. Hij vertelde dat zijn grootste probleem was dat hij voortaan graag telefonische vragen van cliënten en collega's die niet op zijn bord hoorden, wilde afhouden, maar niet wist hoe dit te doen.
Toen hem gevraagd werd wat hij er zelf het liefst aan zou willen doen, antwoordde hij in eerste instantie: 'Als zo'n telefoontje binnenkomt, meteen ophangen.' Dit antwoord trok hij echter meteen terug, omdat hij zich realiseerde dat dit niet haalbaar was. Zijn nieuwe antwoord werd: 'Voortaan geen last meer hebben van de vragen van cliënten en collega's. Ik bedoel dat ik me er niet meer door laat opnaaien.'
Wat was er met het nieuwe antwoord aan de hand?

De oplossing sloot niet aan bij het eerder geformuleerde probleem. Klaarblijkelijk was de manager verder gaan nadenken over zijn probleem en maakte daarbij – meestal zonder het zelf in de gaten te hebben – een gedachtesprong.

Het is jouw taak als coach hier alert op te zijn en de cliënt er in voorkomende gevallen op te attenderen.

In het voorbeeld van zojuist deed de coach dit zo: 'Als ik je goed begrijp, is je probleem nu veranderd. Je wilt de vragen niet meer afhouden, maar er geen last meer van hebben. Met andere woorden: je wilt je er niet meer aan storen. Heb ik dit zo goed begrepen?' Je vraagt dus of tussen stap 2 en stap 4 het probleem geherdefinieerd is.
Als de cliënt dit laatste vervolgens bevestigt, stel je opnieuw de superlatiefvraag: 'Wat zou je nu het liefst zelf aan dit probleem willen doen?' De manager kwam na deze probleemomschrijving op het idee de vragen, die hij tot dan toe als last ervoer, voortaan als complimenten te beschouwen. 'Kennelijk laten ze zo zien dat ze vertrouwen hebben in mijn competentie.'

De cliënt komt met een oplossing die hem volgens jou niet echt verder helpt

Tijdens een training met open inschrijving vertelde een maatschappelijk werkster – die ik voor het gemak Nienke zal noemen – tijdens de plenaire oefening van de MCG het volgende verhaal:

'Ik durf mijn verhaal hier te vertellen, omdat niemand van jullie me kent. Hoe zal ik beginnen? Drie maanden geleden heb ik me voor deze cursus aangemeld. En ik beken dat ik voor de start geaarzeld heb of ik wel aan deze training kon en wilde deelnemen. Want sinds twee maanden gaat het niet goed met me. Ik voel me somber, depressief en heb geen zin meer om naar mijn werk te gaan. Ik voel me leeg. Ik wil in mijn vrije tijd niet denken aan mijn werk, maar doe dat nu juist constant. Ik heb ook concentratie- en geheugenproblemen. Vaak glippen dingen tussen mijn vingers door. Ik raak soms in paniek als mensen me iets vragen. Ik merk ook dat ik mijn collega's probeer te mijden en bijvoorbeeld niet meer bij het gezamenlijke koffiedrinken wil zijn. Ik hoop maar steeds dat ze me niet aanschieten en ook niet dat ze me komen vertellen hoe hun weekend was. En het meest vrees ik dat ze me vragen: "Heb je even tijd voor me?" Ik pieker er voortdurend over wat er toch met me aan de hand is. Ik denk dat ik overspannen word. Misschien ben ik het al een beetje.'

Gevraagd naar haar grootste probleem antwoordde Nienke: 'Dat weet ik niet, dat is het hem nu juist. Ik wil juist weten waarom ik op mijn werk niet goed in mijn vel zit.'
Ze stemde in met de volgende bondige probleemomschrijving: 'Je wilt graag weten hoe het komt dat het op het werk niet goed met je gaat, maar je weet niet hoe hierachter te komen.'
Op de vraag wat ze het liefst zelf aan haar probleem wilde doen, antwoordde Nienke: 'Het liefst wil ik met anderen delen waar ik nu over tob. Met anderen bedoel ik collega's van het werk. Niet met iedereen, maar met een paar, met wie ik het beste op kan schieten. Met één collega heb ik dit zelfs al gedaan. Hij luisterde alleen maar en dat deed me goed. Deze weg wil ik daarom verder bewandelen. Ik hoop zo ook te ontdekken wat er nu aan me scheelt.'
De oplossing leek haar haalbaar en in stap 6 bleek ze ook helder te kunnen uitleggen wanneer en hoe ze er werk van zou maken.
Tijdens de evaluatie vroeg Nienke aan haar medecursisten wat ze van haar oplossing vonden. Een cursist reageerde direct: 'Ik ben blij dat je het vraagt. Want ik zat al een tijdje op mijn stoel te wippen en op mijn tong te bijten. Het klinkt misschien hard wat ik nu zeg, maar ik zeg het

maar ronduit. Jouw oplossing zet volgens mij geen zoden aan de dijk. Het is pure symptoombestrijding. Je doet niets aan de oorzaak. Kun je niet beter wat taken afstoten? Of eens met de bedrijfsarts gaan praten? Of in plaats van contact te zoeken met je collega's een goed gesprek met je baas houden?'

De medecursisten knikten instemmend. Meteen hing er een spanning in de lucht. Zowel Nienke als de medecursisten keken me vragend aan. En toen ik niet meteen reageerde, richtte de cursist die de feedback gaf zich tot mij met deze vraag: 'Even los van deze concrete situatie. Wat moet je als coach doen als iemand met een oplossing aan de slag wil gaan waarvan jij, als coach, vindt dat deze de cliënt niet echt verder helpt?'

Ik antwoordde: 'Je helpt de cliënt het meest door hem te steunen bij het realiseren van zijn eigen oplossing. Zoals we dat ook deden, tot het moment van de evaluatie, bij Nienke.'

'Als Nienke het goed vindt,' vervolgde ik, 'wil ik nu graag haar oplossing verdedigen en daarmee tevens antwoord geven op de vraag die me gesteld is. Een grote valkuil bij hulpverlening is dat je grotere stappen wilt zetten dan de betrokkene zelf aankan.

Als je, zoals Nienke, met psychische en/of lichamelijke problematiek worstelt, denk je in eerste instantie nog helemaal niet aan een oplossing. Je wilt eerst en vooral antwoord krijgen op twee, nauw met elkaar samenhangende, vragen:

1. Wat is er met me aan de hand?
2. Waar komen mijn klachten vandaan?

Maar als buitenstaander heb je hier de diagnose vaak al snel gesteld: 'Je neemt al zo lang te veel hooi op je vork. Je bent nu gewoon overspannen.' En zodra je de diagnose hebt gesteld, hoef je – omdat het geen kunst is andermans problemen op te lossen – niet lang meer na te denken over de oplossing. 'Een paar weekjes rust nemen, de accu zo

weer opladen en bij terugkomst wat afspraken maken om wat taken af te stoten.'
Maar als je zelf in het oog van de orkaan zit, dan snap je vaak niet wat je mankeert. En zolang je niet weet, of wilt weten, wat er met je aan de hand is, kun je ook nog niet aan een oplossing of aanpak denken.
Vaak is er nog iets anders wat je in het begin erg bezighoudt, iets wat je ook verhindert om een goede oplossing te vinden, en dat is schaamte.
Je schaamt je dat er mogelijk iets psychisch met je aan de hand is. 'Zo ken ik mezelf niet, het past niet bij mij. Zoiets overkomt anderen!'
Erover gaan praten met anderen – de oplossing waarvoor Nienke zelf koos – is een essentiële eerste stap die voor het herstel van elke psychische of lichamelijke crisis gezet moet worden. Het is de acceptatie of erkenning van de eigen klachten. 'Ja, er is met mij iets aan de hand en ik wil er niet langer over zwijgen.' Dit mag voor een buitenstaander dan een kleine stap lijken, mogelijk zelfs een veel te kleine stap, maar als het jezelf aangaat, is het een heel grote stap. Een stap waar je heel lang als een berg tegen op kunt zien. Maar eenmaal gezet, valt er vaak een last van je af en kun je daarna veel gemakkelijker de andere stappen zetten. Zoals, als dat nodig is, contact zoeken met de bedrijfsarts of huisarts.'

De moraal van dit verhaal is: ga niet sneller dan de cliënt, maar kies zijn tempo.

In de praktijk betekent dit dat je hem helpt bij het realiseren van zijn eigen oplossing. Net als de titel van het boek van Jürgen Hargens:

> *Bitte nicht helfen! Es ist auch so schon schwer genug – (K)ein Selbsthilfebuch (2010).*

Er blijkt geen oplossing te zijn

Als na lang nadenken en bevragen iemand geen oplossing voor zijn probleem weet, dan is er nog maar één conclusie mogelijk: het ging niet om een probleem, maar om een beperking.

Er zit dan niets anders op dan zich bij de situatie neer te leggen. In de meeste gevallen zal het dan gaan om verlieservaringen die niet meer terug te draaien zijn. Zoals het mislopen van een promotie of een tegenvallende verandering van functie ten gevolge van een reorganisatie of fusie.
De 'oplossing' is dan dat de cliënt zich bij jou kan uiten en erkenning en begrip van je krijgt. Ook kan de oplossing zijn dat de cliënt nu inziet dat het geen zoden aan de dijk zet om zich nog langer te verzetten of om energie te steken in het terugdraaien van de werkelijkheid. Het volgende korte gebed dat de Duitse theoloog dr. Reinhold Niebuhr in 1935 schreef, verwoordt deze levenswijsheid als volgt:

> *'Heer, geef ons de genade ons neer te leggen bij dingen die niet veranderd kunnen worden, geef ons de moed om problemen aan te pakken die oplosbaar zijn, en geef ons de wijsheid om het verschil tussen beide te zien.'*

Het verleden kan niet worden teruggedraaid, maar soms kan het voor iemand al veel betekenen (en een oplossing zijn) als een herhaling wordt voorkomen. Iemand die het slachtoffer is geworden van agressie, kan bijvoorbeeld de leiding vragen om een agressieve cliënt over te plaatsen of bij haar het verzoek indienen om een weerbaarheidstraining te mogen gaan volgen. Kortom, zelfs als er geen echte oplossing is, kan er toch nog vaak iets worden gedaan. Bij de toepassing van de MCG dien je dan ook altijd het vizier op de toekomst te richten. Je vraagt daarom dus niet: 'Wat had je toen het liefst zelf gedaan willen hebben?' Maar je vraagt wel: 'Wat wil je nu het liefst aan je probleem doen?'

Stap 5: De haalbaarheid

In stap 5 laat je de cliënt zelf nadenken over de vraag of zijn oplossing haalbaar is. Er kunnen zich dan drie problemen voordoen:

- De cliënt zegt niet te weten of de oplossing haalbaar is.
- De gekozen oplossing botst volgens jou te zeer met andere belangen.
- De cliënt gebruikt vage termen.

De cliënt zegt niet te weten of de oplossing haalbaar is

Soms verzetten cliënten zich tegen een oplossing, ja, soms zelfs als ze die zelf hebben bedacht. Ze moeten aan de bak en iets in hun leven omgooien. Dat roept angst op, wat zich kan uiten in verzet. Als je hen dan vraagt naar de haalbaarheid, kan er een ontwijkend antwoord komen als: 'Ik weet het niet.' Hij kan dit ook zeggen als hij oprecht niet weet of een oplossing haalbaar is. Hoe dan verder?
Je kunt dan argumenten aan gaan dragen waarom je denkt dat de oplossing volgens jou wel haalbaar is, maar als er sprake is van weerstand, is de kans niet groot dat je hiermee succes hebt. Daarom kun je hier beter het antwoord respecteren door het te herhalen ('Je weet het niet') en dan te zeggen: 'Vind je het goed dat ik de haalbaarheid met je onderzoek door je een aantal vragen te stellen?' Vervolgens stel je dan de vragen van stap 6. De vragen zijn immers ook vragen naar de uitvoerbaarheid.
Als je geen genoegen neemt met 'dat weet ik niet' en toch een indicatie wilt hebben hoe de cliënt denkt over de haalbaarheid van de oplossing kun je dit vragen: 'Goed, je weet het niet. Maar mag ik de vraag anders

stellen? Kun je de haalbaarheid een rapportcijfer geven van 1 tot 10? Een 10 is volstrekt haalbaar, een 1 nagenoeg onhaalbaar. Welk cijfer geef je dan?' Bij een cijfer van 1, 2 of 3 weet je genoeg en leg je de cliënt nu voor of je mag concluderen dat de oplossing doorgestreept kan worden. Bij een 4 of hoger ga je door naar de volgende stap. Als de cliënt zegt geen cijfer te kunnen geven, ga je ook naar de volgende stap.

De gekozen oplossing botst volgens jou te zeer met andere belangen

Soms kiest een cliënt voor een oplossing die volgens jou weliswaar haalbaar is, maar botst met het belang van de organisatie, met haar cliënten/klanten of met collega's. Gelukkig ziet de cliënt dat zelf ook vaak wel in. 'De oplossing is strikt genomen haalbaar, maar er kleven te veel bezwaren aan. Ik krijg dan problemen met mijn collega's.' Of: 'Het huidige beleid laat dat niet meer toe.'

Maar stel dat de cliënt niet tot dit besef komt, wat dan? Als de cliënt blijft bij een oplossing, die volgens jou vanwege andere belangen op forse tegenwind kan rekenen, dan kun je drie wegen inslaan.

De eerste weg is om je mening voor je te houden in de hoop dat hij dit zelf zal ontdekken als hij ermee aan de slag gaat. De praktijk dus als leerschool.

De tweede weg (die ook in de vorige paragraaf al langskwam) is om in de volgende stap – waarin de oplossing al enigszins virtueel in de praktijk wordt gebracht – de cliënt via neutraal gestelde vragen te laten inzien dat het organisatie- of cliëntenbelang in het geding is. Of dat de oplossing vanwege juridische of andere dwingende redenen wellicht op grote problemen zal stuiten. Je hoopt dan dat de cliënt zelf zo tot de ontdekking komt dat hij te veel op het eigenlang focuste, te hoog mikte of iets over het hoofd zag.

De derde weg die je kunt kiezen is dat je bezwaren of bedenkingen aan de cliënt voorlegt. Dit doe je echter alleen als je als leidinggevende de MCG hanteert. Vanuit je verantwoordelijkheid als leidinggevende heb je dan de plicht om de medewerker er onomwonden op te wijzen dat de oplossing botst met het belang van de instelling, cliënt en/of collega's en je veto uit te spreken. Een voorbeeld hiervan is de medewerker die als oplossing voor zijn probleem voorstelt om voortaan geen avond- en nachtdienst meer te draaien, terwijl jij als leidinggevende weet dat je met je huidige pool al nauwelijks de roosters gepland kunt krijgen en de lasten dan op nog minder schouders komen te rusten. Als jij als leidinggevende je genoodzaakt ziet een veto uit te spreken over de voorgestelde oplossing, dan vraag je naar een nieuwe.

De cliënt gebruikt vage termen

Net als bij de stap 'korte probleemomschrijving' kan de cliënt in zijn antwoord op de superlatiefvraag termen gebruiken die vaag zijn of die je niet goed begrijpt.
Stel bijvoorbeeld dat een cliënt die net weer aan het werk is na een periode van burn-out op de superlatiefvraag antwoordt: 'Om te voorkomen dat ik opnieuw uitval, wil ik beter voor mezelf gaan zorgen.' Weet je als coach dan wat de cliënt hiermee bedoelt? Nee.

Wanneer een cliënt vage termen gebruikt als 'voor mezelf gaan zorgen' is het daarom zaak duidelijkheid te scheppen.

Het recept hiervoor is hetzelfde als bij stap 2. Je vat het antwoord op de superlatiefvraag samen en stelt vervolgens een vraag over de vage terminologie. 'Je wilt dus beter voor jezelf gaan zorgen? Kun je vertellen wat je hieronder verstaat?' Een mogelijk antwoord: 'Ik bedoel ermee dat ik voortaan wel pauzes neem.' Of: 'Dat ik geen overuren meer draai.' Of: 'Dat ik niet meer blind "ja" zeg op alle vragen die op me afkomen.'

Ook een combinatie van deze drie antwoorden is mogelijk. In het laatste geval is het wel van belang om elk van deze drie oplossingen in het vervolg van het gesprek apart te bespreken, en om van elk van de oplossingen de haalbaarheid en de wijze waarop ze uitgevoerd worden te bespreken.

Stap 6
De uitvoering

Een veelvoorkomend probleem bij stap 6 is dat je het niet eens bent met de oplossing. En je worstelt met de vraag of je dat moet zeggen. Eerder besprak ik de valkuil 'De cliënt komt met een oplossing die hem volgens jou niet echt verder helpt'. De valkuil die ik nu bespreek lijkt hierop, maar heeft nu een andere lading en heeft nu ook een urgenter karakter. Daarom verdient ze ook hier een bespreking.

Je bent het niet eens met de oplossing

Nog meer dan bij de vorige twee stappen, bestaat de mogelijkheid dat je in stap 6 popelt om te zeggen dat je het niet eens bent met de gekozen oplossing. Dat dit vooral in stap 6 gebeurt, heeft meerdere redenen. In de stap 'Bepalen van de favoriete oplossing' kon je je nog voorhouden dat de cliënt even later, in stap 5, wel het licht zou zien (het licht dat jij al eerder zag). Een andere reden is dat je tijdens de bespreking van de uitvoering meer tijd hebt – stap 6 duurt meestal aanzienlijk langer dan de twee vorige stappen – om na te denken over de oplossing én dat je bij het vernemen van de details van de uitvoering tot het inzicht kan komen dat de oplossing niet haalbaar of onverstandig is. Tijdens de gedetailleerde bespreking van de uitvoering kun je ook meer last krijgen van je eigen gevoelens. Gevoelens die je zeggen: 'nee, dit niet', omdat ze ingaan tegen je eigen waardesysteem. Net zoals je het moeilijk kunt vinden je in te houden als iemand enthousiast een opvoedingsstijl propageert die volledig indruist tegen jouw opvoedingsstijl.

Maar ook hier in stap 6 geldt dat je je mening beter voor je kunt houden.

Jij hebt het recht om je kinderen volgens je eigen visie op te voeden. Als iemand daar kritiek op heeft, vind je dat wellicht onplezierig. Maar een ander heeft ook hetzelfde recht en vindt het eveneens onprettig als iemand hem vertelt dat hij zijn kinderen (beter) kan opvoeden.
Iets anders is het als de voorgestelde oplossing botst met de belangen van anderen. Via neutraal gestelde vragen kun je dan je cliënt aan het denken zetten.
Een voorbeeld van een neutrale vraag: 'Oplossingen kunnen, zoals je weet, soms botsen met andermans belangen. Je verkleint dan de kans op succes. Geldt dit ook voor jouw oplossing?' Nog neutraler of 'onschuldiger': 'Soms botst een oplossing met die van de instelling of van collega's. Hoe zie je dit in jouw concrete geval?'
Als de cliënt aangeeft dat het in zijn geval niet speelt, kun je ervoor kiezen om het erbij te laten of om nog concreter te worden. 'Mag ik hier zelf iets naar voren brengen wat me nu te binnen schiet?' Vervolgens uit je dan je bezwaar en vraagt dan de cliënt hoe hij hierover denkt. 'Stel dat je baas het goed vindt dat je voortaan geen nachtdiensten meer draait. Moeten je collega's dan automatisch vaker onregelmatige diensten draaien? Ik kan me voorstellen dat er collega's zijn die dan moeilijk gaan doen. Hoe zie jij dat?'
Let op hoe voorzichtig een en ander geformuleerd is. Mogelijk zie jij beren op de weg die er niet zijn. Mogelijk weet de cliënt dat er collega's zijn die maar al te graag onregelmatige diensten draaien omdat het beter betaalt. Of omdat dit beter aansluit bij de diensten van de partner (en men dan minder oppas hoeft te regelen voor de kinderen).

Samenvatting

De volgende valkuilen kunnen zich in de diverse stappen voordoen:

Stap 1: Het verhaal

- De cliënt praat maar door en laat zich moeilijk onderbreken.

Stap 2: Het probleem

- De cliënt gebruikt vage termen.
- De cliënt noemt twee of meer problemen.
- De cliënt geeft een zeer kort antwoord op de superlatiefvraag.
- Je bent het niet eens met de probleemomschrijving van de cliënt.
- De cliënt zegt dat hij wil dat iets niet gebeurt.

Stap 3: De gevoelens

- De cliënt zegt niets of weinig te voelen.
- De cliënt weet geen raad met de gevoelsvraag.
- De cliënt reageert (onverwacht) met een positief gevoel.

Stap 4: De oplossing

- De cliënt geeft geen oplossing, maar herhaalt zijn probleem.
- De cliënt komt met een oplossing die niet aansluit bij het probleem.
- De cliënt komt met een oplossing die hem volgens jou niet echt verder helpt.
- Er blijkt geen oplossing te zijn.

Stap 5: De haalbaarheid

- De cliënt zegt niet te weten of de oplossing haalbaar is.
- De gekozen oplossing botst volgens jou te zeer met andere belangen.
- De cliënt gebruikt vage termen.

Stap 6: De uitvoering

- Je bent het niet eens met de oplossing en worstelt met de vraag of je dit moet zeggen.

Bijlage 1
Geheugensteun

Als je het hoofdstuk over level 5 (over valkuilen bij de toepassing) hebt gelezen, zul je begrijpen dat de geheugensteun zich beperkt tot de eerste 4 levels.

Level 1

1. **Het verhaal**

- 'Vertel eens.'

Sluit na zo'n 7 à (maximaal) 10 minuten af met: 'Je hebt (een deel van) je verhaal verteld' en stel dan de vraag van stap 2.

2. **Het probleem**

- 'Wat is nu je grootste probleem?'
  Of: 'Waar zit je nu het meeste mee?'

Reageer niet op het antwoord, maar ga meteen door naar stap 3. Bij een wat langer antwoord, kun je stap 2 afsluiten met: 'Dit is dus je probleem.' Via dit bruggetje ga je dan naar stap 3.

3. **De gevoelens**

- 'Wat voel je nu bij je probleem?'
  Of: 'Wat doet het je nu?'

Reageer niet op het antwoord, maar ga meteen door naar stap 4. Sluit bij een wat langer antwoord stap 3 af met: 'Dit voel je bij je probleem.' Ga via dit bruggetje dan naar stap 3.

4. De oplossing

- 'Wat zou je nu zelf het liefst aan je probleem willen doen?'

Reageer niet op het antwoord, maar ga meteen door naar stap 5. Sluit bij een wat langer antwoord deze stap af met: 'Dit wil je dus het liefst aan je probleem doen.' Ga via dit bruggetje naar stap 5.

5. De haalbaarheid

- 'Is deze oplossing haalbaar?'

Zeg na een 'ja': 'Goed' of 'Je zegt dat je oplossing haalbaar is'. Ga dan naar stap 6.
Zeg na een 'nee': 'Deze oplossing valt dus af'. Pauzeer even en vraag: 'Wat zou je dán nu het liefst zelf aan je probleem willen doen?' (Terug naar stap 4).

6. De uitvoering

- 'Ga je werk maken van je oplossing?'

Sluit na een 'ja' het gesprek af met de evaluatie.
Reageer op een 'nee' met: 'Kennelijk is deze oplossing dan toch te moeilijk. Deze valt bij nader inzien dus af. 'Je wacht dan even en vraagt vervolgens: 'Wat zou je dan nu het liefst aan je probleem willen doen?' (Terug naar stap 4).

Level 2:

1. Het verhaal

- 'Vertel eens.'
- Spiegel ten minste één keer.

Sluit na zo'n 7 à (maximaal) 10 minuten af met: 'Je hebt (een deel van) je verhaal verteld' en dan stel de vraag van stap 2.

2. **Het probleem**

- 'Wat is nu je grootste probleem?' Of: 'Waar zit je nu het meeste mee?'
- Noteer het antwoord zo letterlijk mogelijk, denk na en vat bondig samen.

Als de cliënt akkoord gaat met samenvatting: ga meteen naar stap 3. Als hij niet akkoord gaat en je corrigeert dan wel zichzelf corrigeert: reageer met: 'Dit is dus je probleem'. Ga via dit bruggetje dan naar stap 3.

3. **De gevoelens**

- 'Wat voel je nu bij je probleem?' Of: 'Wat doet het je nu?'
- Herhaal constaterend het gevoel.

Als de cliënt instemmend reageert op gevoelsspiegeling: meteen naar stap 4. Als de cliënt geen gevoel noemt, je corrigeert dan wel zijn gevoel nuanceert of toelicht: reageer hier verder niet op, maar ga meteen door naar stap 4. Sluit bij een wat langer antwoord stap 3 af met: 'Dit voel je (dus) bij je probleem'. Ga via dit bruggetje naar stap 3.

4. **De oplossing**

- 'Wat zou je nu zelf het liefst aan je probleem willen doen?'
- Noteer het antwoord zo letterlijk mogelijk, denk na en vat bondig samen.

Als de cliënt instemt met samenvatting: ga meteen naar stap 5. Als hij niet instemt en je corrigeert dan wel zichzelf corrigeert, reageer dan met: 'Dit is dus je oplossing'. Ga via dit bruggetje naar stap 5.

5. **De haalbaarheid**

- 'Is deze oplossing haalbaar?'

Zeg na een 'ja': 'Goed' of 'Je zegt dat je oplossing haalbaar is'. Dan naar stap 6.

Zeg na een 'nee': 'Deze oplossing valt dus af'. Pauzeer even en vraag: 'Wat zou je dan nu het liefst zelf aan je probleem willen doen?' (Terug naar stap 4).

6. De uitvoering

- 'Ga je werk maken van je oplossing?'
- 'Wanneer ga je werk maken van je oplossing?'

Als de cliënt aangeeft op korte termijn werk te gaan maken van zijn oplossing: sluit je het gesprek af met de evaluatie.
Als de cliënt geen datum kan noemen of de oplossing ver voor zich uitschuift, zeg dan: 'Kennelijk is deze oplossing dan toch te moeilijk. Deze valt bij nader inzien dus af.' Dan wacht je even en vraag je vervolgens: 'Wat zou je dan nu het liefst aan je probleem willen doen?' (Terug naar stap 4).

Level 3:

1. Het verhaal

- 'Vertel eens.'
- Spiegel ten minste één keer.
- Stel – bij voorkeur – een open vraag/open vragen.

Sluit na zo'n 7 à (maximaal) 10 minuten af met: 'Je hebt (een deel van) je verhaal verteld' en stel de vraag van stap 2.

2. Het probleem

- 'Wat is nu je grootste probleem?' Of: 'Waar zit je nu het meeste mee?'
- Noteer het antwoord zo letterlijk mogelijk, denk na en vat bondig samen.
- Als de cliënt je bondige omschrijving niet goed vindt, noteer de reden. Doe aan de hand hiervan een tweede poging tot een bondige samenvatting.

Doe zo nodig een derde of vierde poging. Ga pas na akkoord van de cliënt naar stap 5.

3. De gevoelens

- 'Wat voel je nu bij je probleem?' Of: 'Wat doet het je nu?'
- Herhaal constaterend het gevoel.
- Als de cliënt geen gevoel benoemt: probeer op een andere wijze het gevoel te helpen uiten, bijvoorbeeld door non-verbale signalen te vertalen in gevoelens.

Als het je niet lukt om gevoelens te helpen uiten, sluit deze stap dan af met: 'OK, een andere vraag nu, als het mag.' Ga via dit bruggetje naar stap 4.

4. De oplossing

- Herhaal het probleem en vraag: 'Wat zou je nu zelf het liefst aan je probleem willen doen?'
- Noteer het antwoord zo letterlijk mogelijk, denk na en vat bondig samen.
- Als de cliënt je bondige omschrijving niet goed vindt, noteer dan de reden. Doe aan de hand hiervan doe een tweede poging tot een bondige omschrijving.

Doe zo nodig een derde of vierde poging. Ga pas na akkoord naar stap 5.

5. De haalbaarheid

- 'Is deze oplossing haalbaar?'

Zeg na een 'ja': 'Goed' of 'Je zegt dat je oplossing haalbaar is'. Dan naar stap 6. Zeg na een 'nee': 'Deze oplossing valt dus af'. Pauzeer even en vraag: 'Wat zou je dan nu het liefst zelf aan je probleem willen doen?' (Terug naar stap 4).

6. De uitvoering

- 'Ga je werk maken van je oplossing?'
- 'Wanneer ga je werk maken van je oplossing?'
- 'Hoe ga je het doen?'

Als de cliënt de drie vragen met overtuiging positief beantwoordt: sluit gesprek af met de evaluatie.
Als blijkt dat de cliënt vastloopt in het beantwoorden van de hoe-vraag en zo ontdekt dat de oplossing voor hem niet realiseerbaar is, zeg dan: 'Kennelijk is deze oplossing toch te moeilijk. Deze valt bij nader inzien dus af.' Wacht even en vraag vervolgens: 'Wat zou je dán nu het liefst aan je probleem willen doen?' (Terug naar stap 4).

Level 4

Identiek aan level 3 met als enige verschil stap 2.

2. Het probleem

- 'Wat is nu je grootste probleem?' Of: 'Waar zit je het meeste mee?'
- Noteer het antwoord zo letterlijk mogelijk, denk na en vat bondig samen. Formuleer je samenvatting volgens de ideale probleemomschrijving: 'Als ik je goed begrijp wil je… maar kun/weet je niet…'

Als de cliënt de bondige omschrijving niet goed vindt: noteer de reden. Doe aan de hand hiervan doe een tweede poging tot een bondige omschrijving. Doe zo nodig een derde of vierde poging.

Bijlage 2
Extra online hoofdstukken

Als toegift bij dit boek kun je nog vier hoofdstukken extra krijgen.
Het eerste hoofdstuk bevat diverse tips die je in staat stellen de MCG nog beter toe te passen. Je zou het, bij wijze van spreken, level 6 van de MCG kunnen noemen.
Het tweede hoofdstuk beschrijft hoe je, via een variant van de MCG, kunt helpen bij hoe-problemen.
Het derde hoofdstuk behandelt een variant van de MCG voor hulpverlening of ondersteuning bij beperkingen.
In het vierde hoofdstuk kun je lezen hoe je de MCG kunt gebruiken als handvat bij intervisie.
In de loop van 2018 en 2019 zullen er nog twee extra hoofdstukken bij komen: een over de MCG als instrument bij de intake en een ander over de wijze waarop je via een variant op de MCG met conflicten om kunt gaan.
In dezelfde periode hoop ik ook een e-learning van de MCG te ontwikkelen.

Om in het bezit te komen van de extra hoofdstukken ga je naar www.mcg.nu/extrahoofdstukken en vul je je e-mailadres in.
Je ontvangt dan een 'downloadlink'.

Woord van dank

In 1995 nam ik na een dienstverband van twaalf jaar ontslag bij de Kruisvereniging Breda en ging ik als klinisch psycholoog en hoofdbehandelaar chronisch zorgafhankelijke ouderen werken bij ggz Altrecht (toen ggz HC Rümke Groep geheten). Ik volgde daar Tom van Wel op, die intern met succes had gesolliciteerd naar de functie van beleidspsycholoog en onderzoeker bij ABC, een voorziening voor jongeren met een psychische kwetsbaarheid. In de vijf jaar dat ik er zou werken, heb ik slechts één keer contact met hem gehad en wel om hem via de mail te feliciteren met zijn belangwekkende proefschrift over rehabilitatie van chronisch psychiatrische patiënten. Pas in 2004 ontmoette ik mijn voorganger voor het eerst, vier jaar nadat ik bij Altrecht was vertrokken om een eigen trainingsbureau op te richten. Dat was toen Tom voor zijn team een training methode coachende gespreksvoering bij me had ingekocht. Sindsdien was Tom de grootste ‘pleitbezorger’ van de MCG en dat liet hij me bij herhaling merken. Tijdens de training had ik me laten ontvallen dat ik van plan was om ‘op korte termijn’ het cursusboek over de MCG om te werken naar een boek dat ook in de winkel te koop zou zijn. In de jaren die volgden mailde hij me elk jaar met de vraag hoe ver ik was met mijn boek. Elke keer liet ik hem weten dat hij nog even geduld moest betrachten. ‘Ik maak eerst nog – en dan noemde ik een boek waar ik op dat moment aan werkte – af en dan begin ik aan het boek over de MCG.’ Ruim anderhalf jaar geleden, na het tiende mailtje, was mijn schaamte en schuldgevoel zo hoog opgelopen, dat ik hem liet weten: ‘Nu ga ik er écht aan beginnen en ik beloof je vanaf nu elke maand een hoofdstuk te mailen. Ga me alsjeblieft achter de vodden zitten als ik verstek laat gaan.’ En dat deed Tom. Als het beloofde hoofdstuk er na een maand niet was, mailde Tom me heel kort met de vraag: ‘En?’ En dan toog ik weer aan het werk.

Zonder het pushen van Tom was het boek er nu niet geweest. En mogelijk was het er zelfs nooit van gekomen. Want zaten eerst andere boeken die ik dringend wou schrijven dit boek in de weg, de laatste jaren had ik een andere passie ontwikkeld, het maken van e-learning trainingen, en deze slorpte nu al mijn tijd op.

Mijn eerdere boeken verschenen allemaal bij een erkende uitgever en hadden daarom een deadline. Omdat ik het manuscript altijd pas vlak vóór het verstrijken ervan af had, ontbrak steeds de tijd om het te laten lezen door een of meer kritische lezers. Nu ik dit boek zelf uitgaf, besloot ik hiervoor wel de tijd te nemen. Tijdens een van de MCG-trainingen had ik bewegingsconsulent en praktijkbegeleider Gert Ducaat, werkzaam bij een instelling voor verstandelijk gehandicapten in de regio Nijmegen, leren kennen. Tijdens de training was hij me opgevallen als iemand met een kritische geest: zijn feedback sneed steeds hout. Toen hij me in het voorjaar van 2017 na een training naar het station in Nijmegen reed, vroeg ik hem daarom of hij bereid was het manuscript van de MCG kritisch te lezen. Gert Ducaat stemde meteen toe en kweet zich geweldig van zijn taak. 'Schrijven is schrappen', zo luidt een gevleugeld schrijfadvies. Zonder Ducaats adviezen zou dit boek waarschijnlijk een kwart tot een derde meer pagina's geteld hebben.

Mijn eerdere boeken verschenen, zoals gezegd, bij erkende uitgeverijen. De manuscripten werden steeds op taalfouten gecontroleerd door een bureauredacteur. Dit beperkte zich doorgaans tot het weghalen van tik-, spellings- en stijlfouten. Bij deze eigen uitgave had ik de mogelijkheid om een stapje verder te gaan en copywriter Carin van Wijgerden in de arm te nemen met het verzoek niet alleen taalfouten te elimineren maar - waar nodig en mogelijk - zinnen te verfraaien of te veranderen in een (nog) beter lopende tekst. Dankzij haar heeft het boek erg aan leesbaarheid gewonnen.

‘Creativiteit is het herordenen van bestaande informatie’, zo las ik ergens. Of dit boek getuigt van creativiteit, is aan de lezer, maar zo veel is zeker: zonder informatie van anderen zou ik het niet hebben kunnen schrijven. De literatuurlijst getuigt hier ook van. Eén belangrijke bron staat niet in de literatuurlijst, namelijk Jan J. L. Derksen, klinisch psycholoog, en universitair hoofddocent psychodiagnostiek aan de Radboud Universiteit Nijmegen. Ik zou hem tekort doen en mezelf te veel eer gunnen als ik hem niet uitdrukkelijk zou noemen. Bij professor Derksen volgde ik, bijna veertig jaar geleden, de post academische opleiding tot klinisch psycholoog (een beschermde titel die ik sinds 4 jaar niet meer mag voeren omdat ik al enkele jaren geen patiënten meer behandel). Tijdens de twee jaar dat ik in zijn eerstelijnspraktijk in de Overbetuwe mocht werken leerde ik van hem veel belangrijke communicatieve en therapeutische vaardigheden waarvan er heel wat in dit boek zijn verwerkt. Zo is de krachtige techniek om geuite gevoelens te reflecteren door ze simpelweg constaterend te herhalen, van hem.

Steve Jobs, medeoprichter van Apple, leerde ons dat niet alleen de inhoud er toe doet, maar dat ook de buitenkant er toe doet: het oog wil ook wat. Daarom bedank ik Mariël Lam voor haar sprekende illustraties en de mooie vormgeving van dit boek.

Literatuur

Appelo, Martin (2014). *Waarom veranderen meestal mislukt*. Boom, Amsterdam.

Algemeen Dagblad (2007). 'Gesprek met baas niet begrepen', 6 januari.

Berghe, Gaby Vanden (2002). *Confucius voor managers*. Lannoo, Tielt.

Bolton, Robert (2015). *People skills*. Maven Publishing, Amsterdam.

Buijssen, Huub (1991). 'De wijkverpleegkundige en de centrale verzorger (deel 1). Methodische aanpak.' *Tijdschrift voor ziekenverpleging*, nr. 6, 183-186.

Buijssen, Huub (1993). *Hulpverlening aan zorgende familieleden*. Boom, Amsterdam.

Carmiggelt, Simon (1949). *Tussen mal en dwaas*. Arbeiderspers, Amsterdam.

Coetzee, John Maxwell (2005). *Langzame man*. Cossee, Amsterdam.

Currey, Mason (2015). *Dagelijkse rituelen*. Maven Publishing, Amsterdam.

Damasio, Antonio (1998). *De vergissing van Descartes*. Wereldbibliotheek, Amsterdam.

Decker, Ben (1989). *How to communicate effectively*. Kogan Page, Londen.

Dorrestein, Renate (2006). *Mijn zoon heeft een seksleven en ik lees mijn moeder Roodkapje voor*. Kosmos, Amsterdam.

Dostojewski, Fjodor (1958). *De gebroeders Karamazow*. Van Oorschot, Amsterdam.

Enquist, Anna (2006). 'Muziek, dat helpt'. In: Vleuten, D. van (red.), *Het volle leven. Herinneringen aan Gerard Reve*. De Bezige Bij, Amsterdam.

Goleman, Daniel (2007). *Sociale intelligentie*. Contact, Amsterdam.

Faverey, Hans (1977). *Chrysanten, roeiers*. De Bezige Bij, Amsterdam.

Fransen, Ad (2006). 'Dichten is zo moeilijk dat je er beter niet aan kunt beginnen'. In: Vleuten, D. van (red.), *Het volle leven. Herinneringen aan Gerard Reve*. De Bezige Bij, Amsterdam.

Frijda, Nico H. (2001). *De emoties*. Prometheus, Amsterdam.

Grøndahl, Jens Christian (2004). *Hartslag*. J.M. Meulenhoff, Amsterdam.

Gunster, Bert (2010). *Ik ben oké, jij bent een sukkel*. Bruna, Utrecht.

Hargens, Jürgen (2010). *Bitte nicht helfen, es ist auch so schon schwer genug*. Carl Auer, Heidelberg.

Jong, Peter de & Insoo Kim Berg (2001). *De kracht van oplossingen. Handwijzer voor oplossingsgerichte therapie*. Pearson, Amsterdam.

Joyce, James (2004). *Ulysses*. De Bezige Bij, Amsterdam.

Kahneman, Daniel (2011). *Ons feilbare denken*. Business Contact, Amsterdam.

Koestner, R., N. Otis, T. Powers, L. Pelletier, & H. Gagnon (2008). 'Autonomous motivation, controlled motivation and goal progress'. *Journal of Personality*, 76, 1201-1230.

Lang, Gerard & Henk T. van der Molen (2012). *Psychologische gespreksvoering*. Nelissen, Soest.

Locke, Edwin A., Gary P. Latham, Ken J. Smith & Robert E. Wood (1990). *A Theory of Goal Setting & Task Performance*. Prentice Hall, New Jersey.

Nöllke, Matthias (2002). *Anekdoten, Geschichten*, Methaphern. Haufe, Freiburg.

Malka, Victor (1999). *De mooiste Joodse verhalen*. Ten Have, Utrecht.

Mattila, A. K., Ahola, K., Honkonen, T., Salminen, J.K., Huhtala, H., Joukamaa, M. (2007). 'Alexithymia and occupational burnout are strongly associated in working population'. *Journal of Psychosomatic Research*, 62, 657-665.

Peseschkian, Nossrat (1990). *De koopman en de papegaai*. Donker, Amsterdam.

Richo, David (2006). *The five things we cannot change: and the happiness we find by embracing them*. Shambhala Publications, Boulder.

Robotham, Michael (2003). *De verdenking*. De Bezige Bij, Amsterdam.

Rokeach, Milton (1986). Beliefs, attitudes and values. Jossey-Bas, San Francisco.

Servan-Schreiber, David (2013). *Uw brein als medicijn*. Kosmos, Amsterdam.

Watzlawick, Paul (1984). *Geluk is ook niet alles*. Een handleiding voor ongelukzoekers. Van Loghum Slaterus, Deventer.

Webeling, Peter (2002). *De 5 grote emoties*. Contact, Amsterdam.

Yalom, Irvin D. (2001). *Therapie als geschenk*. Balans, Amsterdam.

Volkskrant Magazine (2006). 'Wat zou u doen?', 2 december.

Over de auteur

Huub Buijssen (1953) is psychogerontoloog en gezondheidszorg-psycholoog. Hij schreef/redigeerde 40 boeken. Zijn bekendste zijn:

- Dementie. Een praktische handreiking voor de omgang met Alzheimer patiënten (1991, 3e herziene druk)
- Traumatische ervaringen van verpleegkundigen, Als je beroep een nachtmerrie wordt (2003 derde herziene editie, 8e druk)
- De heldere eenvoud van dementie. Een gids voor familieleden (2006, tweede editie, 17e druk)
- Psychologische hulpverlening aan ouderen. Diagnostiek, therapie en preventie (dee1 Psychologische problematiek 2007, 4e herziene editie; dee1 2 Psychiatrische problematiek 2001, 3e herziene editie)
- De beleving van dementie (2007, 4e druk)
- Als een dierbare depressief is (2010 en 2017, 6e druk)
- De magische wereld van Alzheimer. 30 tips voor meer begrip en tevredenheid (2011 en 2016, 6e druk)
- De brochure De klap te boven (1997 en 2016) waarvan 180.000 exemplaren werden verkocht.

Elf van zijn boeken werden in het Duits vertaald, waaronder ook *Mag ik je geen advies geven?* Daarnaast verschenen er vertalingen in het Deens, Zweeds, Engels, Pools en Tjechisch.

Huub Buijssen (1953) is directeur van cursusbureau Buijssen Training en Educatie dat gespecialiseerd in life training en e-learning traumaopvang en peer support in de zorg, dementie, methode coachende gespreksvoering en omgaan met kritiek en agressie.
Voor informatie over trainingen methode coachende gespreksvoering: www.mcg.nu

Colofon

Eerste druk 2018
Tweede druk 2018

Ontwerp omslag, binnenwerk en illustraties: Mariël Lam bno, Den Bosch
Tekstverzorging: Carin van Wijgerden, Bodegraven
Drukwerk: Wilco, Amersfoort

ISBN: 978-90-827584-0-5

NUR: 808

TRED

Buijssen
TRaining en EDucatie

Bosscheweg 200a
5015 AG Tilburg
www.mcg.nu